La necesidad
de complacer

books4pocket

Micki Fine

La necesidad de complacer

Técnicas de mindfulness para superar
la tendencia a buscar la aprobación ajena

URANO

Argentina - Chile - Colombia - España
Estados Unidos - México - Perú - Uruguay

1ª edición en **books4pocket** noviembre 2018

Impreso por Novoprint, S.A. – Energía 53 – Sant Andreu de la Barca (Barcelona)

Fotocomposición: Ediciones Urano, S.A.U.

ISBN: 978-84-16622-34-4
E-ISBN: 978-84-9944-816-9
Depósito legal: B-24.454-2018

Código Bic: VSPM
Código Bisac: SEL023000

A John Thomas Pavlicek,
mi queridísimo marido y el amor de mi vida

Índice

Prólogo

A los veintitantos años me vi en una encrucijada. Había sido una buena chica durante casi toda mi vida: ingresé en una prestigiosa universidad; destacaba por ser una hija y estudiante responsable; en mi tiempo libre hacía de voluntaria, cuidando incansablemente de otros y luchando por el cambio social. Lo había hecho todo bien.

Pero detrás de todo eso había una profunda sensación de infelicidad. Nunca me consideraba lo bastante buena, por muchos elogios que recibiera, por mucho que me esforzase por ser perfecta, agradable y servicial. Me atormentaba con críticas, aspirando a la perfección y quedándome siempre corta.

Mi punto de inflexión fue la increíble suerte que tuve de toparme con las enseñanzas de mindfulness (o conciencia plena) durante un viaje por la India. Comprobé que gracias al mindfulness, en todo instante, podía prestar atención a mi experiencia sin que me abrumara tanto. Me fascinó lo que descubría de mi mente y la liberación de la autocrítica. Me metí de lleno en el mindfulness.

Tras muchos años de práctica tanto en la vida cotidiana como en retiros en Estados Unidos y Asia, descubrí que algo fundamental empezaba a cambiar.

Mediante el mindfulness trabajé la autocrítica, plenamente consciente de la voz que me decía que no era lo bastante buena o que mi valía estaba supeditada a los demás. Estos juicios eran cada vez más suaves, me percaté, y al final empecé a ver más allá. Esta conciencia plena, combinada con una buena dosis de prácticas que cultivan las emociones positivas —especialmente la bondad y la compasión autodirigidas—, creó todo un paisaje interior nuevo, de mucho más cariño y aceptación personal.

No sucedió de la noche a la mañana, ni fue necesariamente fácil. Pero, sin duda, funcionó. Veinticinco años después, veo los vestigios de esos hábitos, pero a estas alturas en su mayoría son sombras.

Está claro que no soy la única persona que se ha enfrentado a estos problemas y, en mi papel actual de profesora de mindfulness, me he topado con miles de alumnos paralizados por problemas semejantes. De hecho, esta tendencia está tan generalizada que en ocasiones la califico de epidémica, ya que afecta a un sinfín de personas sin distinción de edad ni género y de toda procedencia.

Cómo me habría gustado que el libro de Micki Fine hubiese sido publicado hace veinticinco años. Probablemente nos habría ahorrado, a mí y a muchas otras personas, un montón de trabajo.

Sin embargo, en 2013, agradezco enormemente este increíble libro. Es justo el antídoto adecuado contra la epidemia de odio hacia uno mismo y de la búsqueda de aprobación ajena.

Este libro toma a los lectores de la mano, llevándonos con cariño y sin juzgar a través de los porqués y cómos de la búsqueda crónica de aprobación ajena. El enfoque compasivo y amplio de Micki nos invita a probarlo. Su análisis concienzudo explica los mecanismos que se esconden tras esta búsqueda, interconectando sus conocimientos tanto de mindfulness como de psicología para mostrarnos cómo todas las facetas de nuestra vida pueden verse afectadas por esta aflicción, y a la larga sanar.

Para introducirnos en este territorio, Micki es una guía hábil porque cuenta con una práctica personal intensa y prolongada, de la que extrae gran parte de su conocimiento. Esta experiencia personal complementa a la perfección su habilidad como terapeuta. Micki conoce este material por sí misma. Comparte su propio viaje personal de sanación a partir de las prácticas de mindfulness y bondad amorosa, y también comparte historias de pacientes con quienes ha trabajado a lo largo de los años. Sus explicaciones, historias, ejercicios y prácticas hermosamente estructurados pueden ayudarnos a todos a sanar la vergüenza y la culpa del autodesprecio.

Estas prácticas funcionan. De verdad que sí. He visto probarlas a infinidad de alumnos, tal como Micki las ha diseñado, y con el tiempo he comprobado que encontraban el camino hacia un amor y una autocompasión mayores. Además, Micki fomenta el trabajo añadiendo numerosas herramientas, prácticas y perspectivas psicológicas nuevas.

Este libro es un regalo para todos nosotros. Ahonda en él. Pruébalo. Experimenta. Sé consciente. Sé bondadoso. Tienes una maravillosa guía en tus manos. ¡Que te transforme!

DIANA WINSTON
Directora de Educación de Mindfulness
Mindful Awareness Research Center
Universidad de California, Los Ángeles
Autora de *Conciencia plena: ciencia, arte
y práctica del mindfulness*

Agradecimientos

Me maravillan la bondad, el apoyo y la generosidad que mi marido, John Thomas Pavlicek, me ha demostrado a diario a lo largo de nuestro matrimonio. John me ha ayudado a conocer y experimentar el amor, la aceptación, la compasión y la creatividad. Su inquebrantable fe en mí me ha ayudado a compartir la práctica del mindfulness desde los inicios de mi carrera como profesora de la materia hasta la redacción de este libro. Le estaré eternamente agradecida a John, el amor de mi vida.

Mi admiración y amor para Ketria Bastian Scott, mi amiga y directora administrativa. Aportó belleza, creatividad y organización al proceso de asumir diversas tareas administrativas, con lo que yo pude centrarme en este libro. Valoro y confío plenamente en sus ideas creativas, su toma de decisiones y ejecución de todos los asuntos. Es un ángel venido directamente del cielo.

Les estoy profundamente agradecida a mis maestros vitales y profesores de meditación: mis padres, Grant y Mercedes Webster; mis hermanas, Dana Webster, Kim Clement y Robin Perko; y la hermana Elena Shiners, Mary Meyerson, Linda Bell, Susan Packwood, Bette Lenz, Diana Winston, Jon Kabat-Zinn, Thich Nhat Hanh y Jack Kornfield.

Hago llegar mi inmenso agradecimiento a aquellos que leyeron borradores y me asesoraron y dieron su apoyo durante el proceso de redacción de esta obra. Al principio, Charlie Scott me ofreció una valiosa orientación y me ayudó a creer que era capaz de escribir este libro. Bette Lenz, Ceil Price, Ketria Bastian Scott, Dana Webster, Trina Jones Stanfield, Kim Clement, Lucia McBee, Nancy Simpson y Sue Young, todas intervinieron en la lectura y reflexiones sobre el libro. Os quiero a todas.

A las editoras Jess Beebe y Nicola Skidmore de New Harbinger, y a la revisora Jasmine Star: gracias por vuestra lucidez y vuestros consejos. Y a Jess O'Brien y a New Harbinger en general, gracias por cuidar el libro de principio a fin.

Introducción

Ahí estaba yo, con diez años, colgada precariamente de la barra más alta del columpio, mis manitas agarradas con fuerza a la gruesa barra. Mi mejor amiga, Teresa, me convenció de que podía sujetarme sin problemas, impulsarme hacia delante, dar la vuelta entera en el aire y caer sentada encima de la barra de la que me había soltado. Así que lo intenté. Me impulsé hacia delante con todas mis fuerzas infantiles: y ¡cataplán! Aterricé de espaldas en el suelo, a dos metros y pico de distancia.

Dirás que las niñas hacen tonterías, pero analicémoslo en más profundidad. Me atreví a hacerlo porque quería complacer a mi amiga y conseguir que me quisiera. Durante años me habían enseñado a recurrir a los demás para saber lo que tenía que hacer y a desvivirme por complacerlos. Yo creía que si no lo hacía no me querrían y quizá se irían. Estaba tan entrenada para complacer al prójimo que me lancé al abismo.

Esta formación procedía de las demostraciones insuficientes de amor y aceptación recibidas, junto con las críticas constantes y duras por parte de muchos adultos presentes en mi vida. Aunque con buenas intenciones, eran incapaces de demostrarme el amor que sentían por mí tal como yo era. Mi corazón estaba herido, lo que resultó en la creencia de que no merecía amor y era responsable de la felicidad ajena, y de que tenía que hacer todo lo posible para complacer a los demás o correr el riesgo de que me abandonasen. Esto moldeó mi vida y mis relaciones durante muchos años.

Ese incidente del columpio fue solo uno de tantos en los que renuncié a mi propio bienestar, incluso a mi propia seguridad, para conseguir que los demás me quisieran. Me pasé una parte significativa de mi vida esforzándome inconscientemente por complacer a los demás para que me quisieran y no me abandonasen. Durante mi infancia me tiré metafóricamente del columpio una y otra vez. Saltaba cuando alguien me decía que saltara. Hice lo imposible por ser simpática y complaciente. Decía «sí» aunque no quisiera. Procuraba anticiparme a lo que los demás querían de mí. Mientras muchos me consideraban Miss Simpatía, por dentro yo estaba cada vez más ansiosa, resentida y hundida.

En la treintena, en plena transición vital, descubrí dos procesos impresionantes que me ayudaron a explorar y abrirme a mi vida interior: el mindfulness y la psicoterapia. La psicoterapia me ayudó a analizar mi pasado y cómo este me afectaba en el presente, y me ayudó a aprender filosofías positivas de vida, entre ellas el mindfulness, que es la conciencia que aflora cuando, con el corazón abierto y sin juzgar, prestamos atención al momento presente. A veces digo en broma que el mindfulness me salvó la vida, pero puede que haya algo de verdad en esa afirmación. La práctica del mindfulness me ayudó a conocer el amor y me liberó significativamente del sufrimiento causado por mis creencias limitativas.

Ya que tienes este libro en las manos, tal vez sea el momento de explorar el mindfulness. Esta poderosa práctica ha ayudado a millones de personas a hallar paz y amor durante los desafíos vitales. Aunque mi historia no te suene de nada, espero que sigas leyendo y analices de qué manera el mindfulness y el enfoque de este libro pueden ayudarte a liberarte de la necesidad crónica de complacer a los demás.

LA ORGANIZACIÓN DE ESTE LIBRO

Dado que el mindfulness está en el núcleo de la propuesta de este libro, el capítulo 1 analiza sus fundamentos. Esta base te permitirá practicarlo mientras lo vas leyendo. El capítulo 2 examina la herida infantil común que da inicio al ciclo de la búsqueda crónica de aprobación ajena.

Los capítulos 3 y 4 se centran en esta búsqueda crónica de aprobación ajena y los pensamientos, sentimientos, conductas y dinámica de relaciones que se le asocian. Durante el proceso aprenderás más cosas de cómo este ciclo, que está destinado a ayudarte a obtener amor y aceptación, en realidad genera una desconexión mayor de ti mismo y de los demás. Te aseguro que este libro no habla de volverse egoísta. Complacer a los demás es una parte valiosa de la vida, y la mayoría de las religiones y tradiciones espirituales enseñan que cuidar y amar al prójimo es una de las formas más elevadas de práctica espiritual. Sin embargo, cuando la causa de la búsqueda de aprobación ajena está en los sentimientos de demérito y el temor a no ser amado y ser incluso abandonado, se convierte en un ciclo enfermizo, compulsivo y angustioso.

Este ciclo se compone de profundos sentimientos de demérito, intentos exagerados por ser o hacer lo que crees que otros quieren de ti, la preocupación de estar a la altura de esas supuestas exigencias y la renuncia a tu propio bienestar para complacer o encajar con los demás (Braiker 2001). Si estás inmerso en él, dirás que sí aunque no quieras, te pondrás una máscara de simpatía crónica, te disculparás por todo y desconectarás de tu belleza innata y tu capacidad de seguir tu propio camino vital. Salman Rushdie describió este ciclo cuando hablaba de estar «aislado en una celda en la que uno experimentaba un tormento interminable y de la que no había escapatoria» (2012, 284).

Sin embargo, hay una forma de salir de este interminable tormento: el mindfulness. Los capítulos del 5 al 12 te ayudarán a desarrollar el mindfulness y a aplicarlo al ciclo de la búsqueda crónica de aprobación ajena. Esto puede ayudarte a sanar heridas infantiles y fomenta cualidades tales como la autocompasión, la intencionalidad y la reacción serena, cualidades a menudo reprimidas en una vida de la búsqueda crónica de aprobación ajena. Esto te permitirá liberar el miedo que desemboca en conductas de búsqueda de aprobación y abrir la puerta para amar a los demás de forma más auténtica y entusiasta, hallando mayor equilibrio en tus relaciones y gozando de una sensación más plena de valoración de la vida.

Cada capítulo analiza un tema, y te sugiere maneras de poner en práctica lo que has aprendido y darte tiempo para reflexionar sobre cómo encaja eso en tu vida. A lo largo de todo el libro encontrarás ejercicios experienciales para ayudarte a integrar lo que has leído. Además, ofrezco diversas prácticas de meditación mindfulness para ayudarte a que esta forme parte de tu vida cotidiana. Mi portal en Internet incluye una página, www.livingmindfully.org/ntp. html, donde encontrarás recursos relacionados con este libro, tales como grabaciones de audio guiadas de diversa duración para muchas de las meditaciones, tanto en formato MP3 como en CD.

LA HOJA DE RUTA

El objetivo práctico de este libro, liberarse de la búsqueda crónica de aprobación ajena y abrirse al amor incondicional, es un viaje. Cuando emprendemos cualquier desplazamiento necesitamos saber el punto de partida, el medio de transporte y el destino. La percepción consciente es esencial en este viaje y te permitirá entender y sentir realmente que la libertad, la serenidad, el amor y la alegría están a tu alcance en cualquier momento dado. El viaje empieza con mindfulness, que es también el medio de transporte y el destino.

Tal vez hayas oído la expresión que dice que la vida es un viaje, no un destino. Esta es la llave para la práctica del mindfulness y para liberarte de un ciclo de búsqueda crónica de aprobación ajena. Cuando practiques el mindfulness, tu experiencia te enseñará que cada momento de tu vida es el único momento en que puedes aprender y crecer.

El punto de partida

Cuando nos ponemos a analizar algo no solemos dedicarnos a pensar en nuestro punto de partida. Sin embargo, saber el punto de arranque es esencial si tienes que llegar a donde quieres ir. Por ejemplo, cuando reservas un billete de avión tienes que especificar el punto de partida, de lo contrario no puedes hacer la reserva. Para trazar tu viaje hacia el amor genuino y la liberación de la búsqueda crónica de aprobación ajena, debes tomar conciencia de las características de tu forma habitual presente de sentir y pensar: sentir que no mereces amor, centrarte frecuentemente en lo que los demás piensan de ti, adoptar una posición servil en las relaciones, etcétera. En cuanto sepas dónde estás ahora, podrás practicar la conciencia no evaluativa que te ayudará a discernir qué experiencias dolorosas de búsqueda de aprobación ajena son válidas en tu caso.

La forma de viajar

El mindfulness es también el medio de transporte hacia la liberación de la búsqueda de aprobación ajena. Su práctica puede ayudarte a despertar a la vida tal cual es, y reconocer los momentos en los que renuncias a ti mismo para complacer a los demás y las veces que te sientes indigno o temeroso de no caer en gracia a los demás o de que no te quieran. Entonces podrás manejar momentos como esos con la conciencia y la compasión que genera el mindfulness, y no con la negación, la reactividad y la hostilidad que quizás hayas experimentado en el pasado. Asimismo te sugiero que amplíes el mindfulness a los pensamientos, sentimientos y juicios que aparezcan mientras lees este libro, de modo que puedas simplemente experimentarlo y tal vez leerlo con actitud más receptiva y compasiva.

El destino

Naturalmente, el destino también es importante. Al trabajar con este libro y con el mindfulness, viajarás hacia el desprendimiento del miedo, la apertura al amor, la sanación de la herida que produce la búsqueda crónica de aprobación ajena, el aumento del respeto por ti mismo, la creación de un equilibrio en las relaciones y la liberación para elegir tu propio camino en la vida. El mindfulness puede ayudarnos a aceptar la vida como es, conseguir la libertad de decir «no» cuando sea necesario, afrontar los conflictos con los seres queridos y resolverlos pacíficamente, y sentir cariño por los demás en lugar de sentirnos en deuda con ellos.

Desde el inicio es importante tener claro hacia dónde *no* va este viaje. Cuando digo «librarse de la búsqueda crónica de aprobación ajena» no me refiero a dejar de desear complacer a los demás o a no hacerlo nunca. No me refiero a que te preocupes únicamente de ti mismo o adoptes una actitud de indiferencia hacia los demás y sus necesidades.

Librarse de la búsqueda crónica de aprobación ajena, en realidad, pasa por preocuparse profundamente por los demás y su bienestar conforme te abres a tu honda capacidad interior de amar a través del mindfulness. Por el camino, descubrirás que ya tienes lo que estabas buscando mediante la búsqueda de aprobación. Tu capacidad de preocuparte por los demás desde el amor y no el miedo se verá intensificada, porque ya no equipararás tu importancia y supervivencia al cuidado de los demás.

Cuando te abres a tu naturaleza amorosa y te desprendes del miedo pueden pasar muchas cosas. La atención que se centraba en los demás queda liberada para dedicarla a lo que sea más importante en el momento. Puedes preocuparte menos de lo que los demás piensan de ti. Puedes implicarte más en tu propia vida y permitirte focalizar en tu interior, en tus valores, para entender qué le da significado, sentido y alegría a tu vida. Puedes aprender quién eres, qué es lo que más te importa y cómo cuidarte. Aliarte contigo mismo y tus emociones incrementará tu capacidad de ser compasivamente asertivo y afectuoso tanto contigo mismo como con los demás.

A medida que te liberes de la búsqueda crónica de aprobación mediante el mindfulness tus relaciones podrán volverse más afectuosas, equilibradas y estrechas. Mediante la práctica del mindfulness puedes abrirte a tu amor innato y compasión hacia ti mismo y los demás. Esto te ayuda a liberarte para amar más libremente, estar receptivo a los problemas de tus seres queridos y cuidar tanto de ti como de ellos sin temor y con afecto.

CÓMO USAR ESTE LIBRO

Es importante leer con amplitud de miras para que puedas conectar con las ideas de la página, pero no des crédito a lo que está escrito hasta que reflexiones sobre ello o, aún mejor, lo pruebes por ti mismo. Sigue el ejemplo de Albert Einstein, quien creía que la experiencia es la fuente de todo conocimiento (2011). Compruébalo por ti mismo y valora tu experiencia. Es importante, especialmente si te has pasado años recurriendo a la aprobación ajena. Prueba a sintonizar con tus pensamientos y sentimientos sobre lo que lees y luego decide si es real y apropiado para ti.

Además del texto explicativo, en este libro encontrarás ejercicios, reflexiones y meditaciones para ayudarte a explorar lo que estás leyendo. Cuando hagas los ejercicios y reflexiones, te aconsejo que medites antes unos minutos para ayudarte a serenarte un poco. Te daré instrucciones para unas cuantas prácticas meditativas que puedes usar a tal efecto. Asimismo ten presente que los ejercicios y reflexiones están destinados a proporcionarte una oportunidad de autodescubrimiento. Dado que este viaje tuyo es único, no hay un sistema exclusivo, perfecto y adecuado de realizarlos.

Te animo a probar todos los ejercicios y prácticas de este libro, pero a hacerlo sin presionarte ni forzarte, ya que esto simplemente perpetuaría la tendencia a tratarte con hostilidad que acompaña a la búsqueda crónica de aprobación ajena. En lugar de eso prueba a tratarte con bondad, desprendiéndote de las opiniones y cultivando una sensación de exploración.

Escribir un diario

Te aconsejo que tengas un diario para ir anotando tus experiencias con cada ejercicio. Tras conectar con tu respiración, repara en las sensaciones corporales, pensamientos y sentimientos que surgen cuando realizas el ejercicio. Confiere a lo que escribas una actitud abierta, compasiva y no evaluativa. No te preocupes por la calidad de la redacción, limítate a anotar tus pensamientos y sentimientos como vengan. Plantéate la posibilidad de escribir tu diario a mano, y no creando un documento de texto en el ordenador, ya que el proceso de redacción puede ayudarte a desacelerar y reflexionar detenidamente sobre el tema.

Mis intenciones

Mientras leas mis descripciones de la búsqueda crónica de aprobación ajena, fíjate en cómo te juzgas a ti mismo y en cómo oyes mi voz de escritora. Mi intención en este libro es fomentar la conciencia compasiva de esta búsqueda y darte la bienvenida a la práctica del mindfulness, pero nunca culparte ni humillarte. Espero que lo que leas te anime a adquirir el compromiso de practicar el mindfulness durante unos meses, para que puedas descubrir si esta práctica está hecha para ti. No lo sabrás a menos que lo pruebes.

1

Mindfulness

Grant estaba dándole el biberón de la mañana a Will, su hijo recién nacido. Las paredes estaban teñidas del color del alba y Will era adorable. Para Grant esos momentos eran muy valiosos y solían darle paz.

Sin embargo, aquella mañana estaba preocupado, si bien era solo vagamente consciente de su inquietud. Su mujer, Abbie, le había pedido que hablaran, en *ese* conocido tono de voz. A Grant le preocupaba haberle hecho enfadar de nuevo y temía que ella lo abandonara, llevándose al bebé consigo y haciendo realidad su peor pesadilla. Cuando reconoció su preocupación, notó el cuerpo tenso y se enfadó consigo mismo por sentir desazón, y acto seguido se obligó a recuperar el autocontrol. Sin pérdida de tiempo, echó mano del móvil para ponerse en contacto con un colega, aunque todavía estaba dando de comer a Will.

Todos vivimos momentos así, en que hacemos una cosa mientras la mente viaja al pasado, al futuro o sueña despierta. Nos pasamos gran parte de la vida viajando, sin participar plenamente en la vida que tenemos justo delante, y de ello pueden derivarse ciertos problemas.

En primer lugar, nos perdemos la trascendencia del momento. Al preocuparse de lo que Abbie había dicho en el pasado y de sus temores sobre el futuro, Grant se perdió la sensación de tener al bebé en sus brazos, los tirones del biberón mientras Will succionaba hambriento, el olor de su pelo, la hermosura de sus diminutas manos y sus propios sentimientos de amor incondicional hacia su hijo. Echando mano del teléfono también evitó sus emociones y procuró evitar la situación entera. Lamentablemente, esto sucede con mucha frecuencia. La mayoría de las veces no prestamos atención al momento presente, aunque es el único que realmente tenemos.

Además, al igual que Grant, normalmente no somos conscientes de lo que trama la mente ni de cómo los pensamientos inadvertidos pueden acarrearnos problemas. En su viaje orientado al futuro, Grant estaba viviendo un momento que quizá no llegaría a producirse, al menos no de la manera que se imaginaba, lo que, lógicamente, le dejó una sensación de ansiedad y desconexión.

¿Qué clase de viajes emprende tu mente cuando la desatiendes? ¿Hay patrones de pensamiento que te retienen en el modo de búsqueda de aprobación? ¿Dónde está tu atención la mayor parte del tiempo? ¿Está tu mente focalizada en lo que los demás piensan, en lo que deberías hacer para complacer a alguien?

Otro rasgo problemático de la mente es intentar reprimir, desterrar o librarse de las experiencias difíciles y aferrarse a las agradables. Grant hizo esto ahuyentado su miedo y anhelo desesperado de ser amado, reprochándose a sí mismo, juzgando sus emociones y luego distrayéndose para no tener que percibir sus sentimientos. Es una reacción completamente natural, pero en realidad exacerba una situación de por sí delicada.

Por suerte, hay un antídoto contra estos problemas: el mindfulness. El mindfulness surge cuando prestas intencionadamente una atención sincera y no evaluativa al momento presente. Puedes practicar el mindfulness con cualquier cosa, desde el mundo que te rodea a tus propios pensamientos, emociones y sensaciones físicas. Con práctica, puedes decidir estar presente abriendo la puerta al aprendizaje de las experiencias difíciles, incluso cuando sientes que se apodera de ti la necesidad de complacer a los demás.

En este capítulo analizaré la práctica del mindfulness y cómo puede ayudarte a liberarte de la clase de escollos con los que Grant tropezó: no estar presente en momentos significativos de la vida, realizar inconscientemente viajes mentales a lugares siniestros y combatir sentimientos negativos, todo lo cual puede conllevar sufrimiento. La práctica del mindfulness puede ayudarte a entender y a identificarte con todas tus experiencias con menos reactividad y más compasión. Esto potenciará tu capacidad de actuar con sensatez en lugar de reaccionar de manera refleja y te dará libertad para cambiar conductas dolorosas de búsqueda crónica de aprobación ajena.

LOS ORÍGENES DEL MINDFULNESS

La meditación mindfulness se practica desde hace más de dos mil seiscientos años. Se basa en la filosofía budista o, tal como algunos la describen ahora, la ciencia de la mente. (Tranquilo: no tienes que ser budista para practicar la meditación mindfulness.) En 1979, Jon Kabat-Zinn y sus colegas crearon la Clínica de Reducción del Estrés basada en el Mindfulness (MBSR, por sus siglas en inglés) para ayudar a los pacientes del Centro Médico de la Universidad de Massachusetts. Estos discretos inicios se transformaron en la clínica de reducción del estrés mayor del mundo, cientos de clínicas MBSR y miles de estudios sobre los efectos del mindfulness. Si quieres más información sobre la investigación, www.mindfulnet.org es un buen recurso.

LA PRÁCTICA DEL MINDFULNESS

Mindfulness es la conciencia que surge cuando dirigimos nuestra atención al momento, y dejamos de lado juicios, pensamientos críticos e ideas preconcebidas. Muy a menudo nuestra atención se limita a *pensar* en nuestra experiencia, especialmente en cómo creemos que deberían ser las cosas y qué podemos o deberíamos hacer al respecto. El mindfulness nos permite prestar atención más directamente a la experiencia de nuestras vidas a través de los sentidos y no de pensamientos automáticos y reflejos que reducen nuestra atención. Esto nos permite ver el momento con más lucidez y apertura de corazón.

El mindfulness es una capacidad humana innata que cualquiera puede cultivar, incluso tú. Los niños nos enseñan lo natural que llega a ser esta capacidad. Yo lo viví con mi ahijada, Elizabeth, cuando apenas empezaba a andar. Estaba columpiándose hacia atrás cuando reparó en sus pies descalzos y chilló feliz: «¡Dedos!» Al columpiarse hacia delante levantó la vista y exclamó: «¡Cielo!» Su mirada pura le dio una sensación de vitalidad, una sensación de descubrimiento. También tú naciste con esta aptitud. En tu interior ya tienes todo lo que necesitas para practicar el mindfulness.

Dos ramas de la práctica —formal e informal— ofrecen vías para reconectarse con estos atributos de vitalidad, no reactividad, apertura y compasión. Las *prácticas formales* se caracterizan por reservar un tiempo, al margen de las actividades diarias, para meditar. En este libro te enseñaré diversas prácticas formales. Las *prácticas informales* suponen cultivar intencionadamente el momento presente, la conciencia no evaluativa durante tus experiencias cotidianas. Por ejemplo, puedes percibir lo calientes o frías que están tus manos, el olor del café o los pensamientos y sentimientos sombríos o alegres. Las prácticas formales e informales se retroalimentan, actuando conjuntamente para aumentar la conciencia, la compasión y la estabilidad.

Tener conciencia plena de la respiración es una parte integral tanto de las prácticas de mindfulness formales como informales. Llevar la atención a la respiración nos ancla en el cuerpo y en nuestra experiencia directa y sensorial, y a menudo es la vía principal para acceder al momento presente.

Práctica informal:
Hacer una pausa para respirar

Como la respiración es un anclaje tan útil para el mindfulness, empecemos por ahí.

Ahora haz una breve pausa y céntrate en el momento inspirando conscientemente. Percibe diversas sensaciones asociadas a la respiración: el frescor del aire al entrar y la tibieza del aire exhalado, tu abdomen o caja torácica que se expande y contrae suavemente, o el sonido de tu respiración o la sensación que esta te produce en la nariz o la boca. Simplemente sintoniza con lo que sea que observes en tu respiración sin intentar cambiarlo en modo alguno.

Puedes realizar esta breve práctica informal en cualquier momento y lugar. Prestar atención a la respiración de esta manera puede ayudarte a sentirte más estable, incluso en los momentos difíciles en que te sientas en la obligación de complacer a los demás. Por ejemplo, cuando alguien expresa una opinión de la que discrepas, hacer un alto para respirar y ser consciente del momento te da un poco de tiempo antes de responder. Esto puede proporcionarte más libertad para adelantarte a una reacción automática, como asentir con la cabeza en señal de aprobación solo para ser simpático.

Práctica informal:
Comer con plenitud de conciencia

Aquí tienes una práctica habitual y clásica para comer con plenitud de conciencia creada por Jon Kabat-Zinn (1990). Para ello necesitarás dos pasas u otro tipo de alimento natural, preferiblemente un par de bocados.

Haz como si nunca hubieras visto estos pequeños objetos. Obsérvalos con ojos nuevos, como hizo Elizabeth con los dedos de sus pies y el cielo. Examínalos con todos tus sentidos, dejando el del gusto para el final. ¿Qué ves? Tal vez te fijes en el tamaño, las arrugas, los colores o la forma. ¿Qué hay de tu sentido del tacto? ¿Estos bocados son pegajosos, blandos o maleables al tacto? ¿Qué notas a través del sentido del olfato? Si tu mente divaga, devuélvela suavemente a la percepción de los objetos. ¿Los oyes? Quizás emitan un sonido si los estrujas con los dedos junto al oído.

Repara en lo que experimentas en cada momento, incluidas las sensaciones del cuerpo al introducirte en la boca uno de los bocados. Mantenlo en su interior un rato antes de empezar a masticar. ¿Qué ocurre en tu boca? Tal vez notes una avalancha de saliva. Tal vez el objeto aumente de volumen. Cuando empieces a masticar, tómate tu tiempo. Repara en los sabores, lo que ocurre en tu boca, la sensación de tragar y la sensación del alimento bajando por el esófago.

A continuación cómete el segundo objeto como si nunca lo hubieras probado.

❋ ❋ ❋

Bienvenido de nuevo. ¿Qué has notado con las pasas o el alimento que sea? La mayoría de las personas tienen una experiencia mucho más rica y plena de la comida que habitualmente, y esto les ayuda a entender cuántas cosas se están perdiendo en la vida. Mucha gente vive ese instante de «¡ajá!» cuando se da cuenta de que su forma de prestar atención repercute en su experiencia y de que puede trasladar esto a otras facetas de la vida. ¿Eres capaz de imaginarte cómo cambiarían las cosas si prestaras atención de este modo a otras experiencias cotidianas, incluso las emociones y los pensamientos?

Estar presente en los momentos extraordinarios de la vida cotidiana

Hay quien se pregunta por qué debería prestar atención a las actividades cotidianas aparentemente prosaicas. Pero como es probable que hayas deducido del ejercicio de las pasas, que una actividad se realice cada día no significa que deba ser ordinaria. Dado que este momento es el único que tenemos, lo lógico es estar presente y sentirlo.

Además, cuando estamos presentes en el momento, si nuestra mente se pone a viajar podemos darnos cuenta antes. De esta forma no nos alejaremos tanto del momento. Por ejemplo, si haces un viaje mental de búsqueda de aprobación, puede que te anticipes a lo que podrías hacer para obtener la aprobación de alguien. Si eres consciente de ese pensamiento, es menos probable que entres en una espiral de preocupación y que reacciones con conductas de búsqueda de aprobación ajena que no te benefician. Si no eres consciente de ese pensamiento, es probable que reacciones a él inconscientemente y tengas escaso o nulo poder de decisión sobre cómo comportarte. Por otra parte, prestar atención a las actividades cotidianas puede entrenar tu atención de modo que puedas estar presente con más frecuencia, incluso cuando afrontes desafíos.

Práctica informal:
Mindfulness durante las actividades cotidianas

Para practicar el mindfulness durante las actividades cotidianas, elige una tarea como hacerte la cama, cepillarte los dientes, lavar los platos o simplemente sentarte a trabajar y prestar atención a lo que sientes al hacerlo. Comprométete a ver la actividad con la mirada nueva del mindfulness. Por ejemplo, cuando te laves las manos siente la temperatura del agua y lo resbaladizo que es el jabón. Huele el aroma del jabón y escucha el sonido del agua que corre y de tus manos frotando una contra otra para crear espuma.

Práctica informal:
Señales para practicar el mindfulness

Elige algo que ocurra a lo largo del día y que sea tu señal para hacer una pausa, inspirar y estar presente. Aquí tienes algunos ejemplos:

- *Cuando esperas a que tu ordenador se inicie o se apague*
- *Cuando tomas un sorbo de alguna bebida*
- *Cuando te levantas*
- *Cuando te sientas*

Práctica informal:
Usar tu smartphone con inteligencia

Programa tu smartphone u ordenador para que te haga sutiles recordatorios para respirar y estar presente. Hay diversas aplicaciones de mindfulness que pueden ayudarte a ello.

Mirada bondadosa y compasiva

A medida que te permites estar presente más a menudo adquieres conciencia tanto de las experiencias alegres como de las desagradables. Cuando esto ocurre, se genera una dosis de compasión. El mindfulness te abre naturalmente a la compasión que ya hay en tu interior. Despertar compasión hacia ti mismo y los demás puede ayudarte a ver la vida con ojos bondadosos y misericordiosos, y no hostiles y llenos de odio.

Aversión y aferramiento

La compasión y la respiración regular pueden ser herramientas esenciales cuando los momentos penosos de buscar aprobación ajena te dominen. Aunque el sufrimiento y las dificultades son una parte natural de la vida, es instintivo tratar de evitarlos y aferrarse a algo mejor. Hemos ido adquiriendo estas técnicas de supervivencia a lo largo de milenios, y nos funcionan. Por ejemplo, si un oso corre hacia ti, tus instintos de evasión se activarán, empujándote a luchar o huir.

Sin embargo, cuando la evitación y el aferramiento se extienden a nuestra vida interior aparecen los problemas. Procuramos huir de las situaciones dolorosas desviando nuestra atención de ellas o negando o reprimiendo nuestras emociones al respecto. Procuramos aferrarnos o hasta realzar los acontecimientos agradables, lo que puede hacer que nos perdamos todo lo que esos momentos tienen que ofrecernos. ¿Alguna vez te ha angustiado pensar que las vacaciones se acaban, aunque te queden aún varios días? La mayoría nos hemos sentido así. El problema es que eso perjudica nuestra capacidad de disfrutar de los días de vacaciones restantes.

Estar inmerso en un ciclo de búsqueda crónica de aprobación puede ser similar, ya que niegas la rabia que te produce estar permanentemente satisfaciendo a los demás y te empeñas en ser siempre simpático para caer bien. Pero cuando te esfuerzas así, en realidad acentúas una situación de por sí complicada. Por ejemplo, al intentar desprenderte de la rabia, quizás incluso te enfades contigo mismo por sentirla, generando más angustia interna, lo que también te priva de la oportunidad de solucionar el problema subyacente.

Mediante el mindfulness puedes aprender a dejar de huir de lo que sea que te encuentres en el momento, encarar tu experiencia y recibirla con bondad. Esto te ayuda a ver el momento con más claridad y vislumbrar más opciones para resolver las dificultades. Esta actitud de tolerancia y aceptación no es pasiva; es una postura valiente de reconocimiento y vivencia de la verdad del momento para poder estar más capacitado, si acaso, para decidir lo que hay que hacer.

Alex, de veinticinco años y administrativa de un hospital, vino a verme para tomar clases de mindfulness con el fin de afrontar los sentimientos de ansiedad y demérito de los que llevaba casi toda su vida huyendo. Tras serle denegado un ascenso y recibir duras críticas de su jefe, le consumían la ansiedad y la constante preocupación por lo que los demás opinaban de ella. Me dijo que sus intentos por complacer no le estaban ayudando y que ya era hora de cambiar.

De niña, los padres de Alex quisieron protegerla y que nunca sufriera, así que estuvieron solícitamente encima de ella, tomando por ella la mayoría de las decisiones. A Alex no le permitieron hacerse un sitio en el mundo y acabó dudando de sus opiniones y necesidades. Intentaba anticiparse a lo que los demás querían de ella y buscaba signos de aprobación. Creía que eso le valdría amor y aprobación. También se volvió tremendamente crítica consigo misma en casi todo lo que hacía, sobre todo cuando cometía un error.

Trabajando juntas llegó a entender de qué manera reprimía sus emociones volcándose en las necesidades de los demás hasta quedarse exhausta. Esto la dejaba con asignaturas emocionales pendientes, y se daba cuenta de que su ansiedad le producía ansiedad por sentirse ansiosa, lo que generaba autocrítica por sentirse así. Al final, sus intentos por evitar emociones dolorosas no hacían más que incrementar sus sensaciones de ansiedad, demérito e irritabilidad.

Alex demostró un coraje tremendo afrontando sus sentimientos de ansiedad y demérito. Un día le pedí que prestara atención a su ansiedad sin intentar cambiarla ni corregirla. Le pedí que cerrase los ojos y dejase de combatir la emoción conectando su conciencia plena con las sensaciones físicas de su ansiedad. Observé una arruga en su entrecejo que luego se suavizó, lloró, y finalmente una paz perceptible invadió su cuerpo. Al abrir los ojos con una sonrisa en el rostro, me dijo que ya no tenía miedo de sí misma.

Evidentemente, no se acabaron aquí los retos de Alex. Unos días era capaz de aliarse con su experiencia y otros se resistía y luchaba contra ella. Pero, en general, se sintió más capaz de manejar sus emociones con bondad. Varios años más tarde nos encontramos por casualidad y me dijo que las clases de mindfulness era lo mejor que había hecho por sí misma.

Práctica formal
Respiración mindfulness

El mindfulness se entiende más practicándolo que leyendo sobre él; así pues, practiquemos ahora una breve meditación mindfulness. Lo ideal sería que te reservaras unos diez minutos para esta práctica, pero puedes acortar el tiempo si lo necesitas.

Busca un lugar tranquilo y cómodo en el que sentarte donde haya las mínimas distracciones e interrupciones potenciales posibles. Puedes sentarte sobre un cojín en el suelo o en una silla con los pies bien apoyados en él. Siéntate de tal modo que te notes anclado, cómodo y alerta, encarnando las cualidades de conciencia plena y serenidad que estás cultivando.

Puedes cerrar los ojos o mantenerlos abiertos; cualquiera de las dos cosas está bien. Si los mantienes abiertos, busca un sitio en el que posar suavemente la mirada para que tus ojos no contribuyan a que tu mente divague demasiado.

Empieza formulando la intención de prestar atención, de estar alerta y presente.

Ahora observa el cuerpo entero en posición sentada... siente el cuerpo que la Tierra sostiene...

Cuando estés preparado, fíjate en tu respiración... Observa dónde te cuesta menos sentirla y deja que tu atención se centre allí... Tal vez sea en las fosas nasales... la parte posterior de la garganta... o el pecho o el abdomen... Lleva, lo mejor que puedas, la conciencia plena a la respiración en general... siguiendo las sensaciones físicas de la inspiración completa, cualquier pausa, la exhalación en su integridad y, finalmente, cualquier pausa antes de la siguiente inspiración.

Deja que el cuerpo respire solo... no lo controles de ningún modo. Aporta una actitud de aceptación a toda la experiencia de la meditación. No tienes que forzar nada, sobre todo la relajación. Esta meditación es para cultivar la conciencia plena; la relajación vendrá como resultado de ella.

Observa cómo divaga la mente... y no te culpes por ello. La mente divagará, y no es tu culpa. Así que advierte fugazmente la divagación mental, deja pasar cualquier juicio o reproche, y vuelve sua-

vemente a la respiración. Prueba a experimentar una sensación bondadosa ante la divagación mental.

Tal vez te resulte útil etiquetar los pensamientos, por ejemplo: «soñar despierto», «preocupaciones», «planes». Prueba a considerar las divagaciones repetidas de la mente como una forma de cultivar la paciencia y la delicadeza hacia tu persona.

Cuando esta práctica llegue a su fin, date un tiempo para devolver la atención al mundo exterior, fijándote en lo que ves al abrir los ojos (si están cerrados), lo que oyes, etcétera.

Bienvenido de nuevo. ¿Qué has notado durante la meditación? ¿Te preocupa algo como resultado de esta? Te recomiendo que analices la práctica que acabas de realizar para que aprendas a meditar con más soltura. Dedica unos minutos a escribir sobre la experiencia en tu diario.

MEDITAR CON HABILIDAD

Aquí tienes algunas ideas que podrían servirte cuando empieces a desarrollar tu práctica meditativa. Es de esperar que la comprensión de estos puntos te facilite una práctica continua y asidua.

Divagación mental

La mayoría de las personas detectan que la mente se aleja de la respiración repetidamente. Algunas veces a los pocos segundos de centrarse en ella. Saber que todas las mentes divagan puede contribuir a que te angusties menos cuando te pase eso. Piensa, además, que la mente divaga *sola*. En otras palabras: tú no tienes la culpa.

Cada vez que la mente divague, limítate a reconocerlo, deja pasar cualquier reproche o juicio, y vuelve a la respiración, una y otra y otra vez. Para ayudar a fijar la atención, a algunas personas les resulta útil susurrar «inspirar», «exhalar», o ambas cosas.

Observar de esta forma la divagación de la mente puede enseñarte muchas cosas, y lo seguiremos explorando a lo largo del libro. Una de las cosas que te enseña es que no tienes que reaccionar a cada pensamiento o impulso que surja. Con el tiempo esto te ayudará a aprender que no siempre tienes que volcarte en complacer a los demás. En líneas más generales, te ayudará a aprender a no forzar ciertas cosas; en vez de eso, puedes simplemente relajarte respirando.

Expectativas

La mayor parte de la gente empieza la práctica del mindfulness con expectativas y objetivos, tales como apaciguar la mente y sentirse relajado. El deseo profundo de encontrarse mejor es saludable y natural. Sin embargo, centrarse en los objetivos nos aparta del momento y puede producir ansiedad y una sensación de insatisfacción.

Esto vale también para los objetivos que podamos tener con respecto a la meditación. Si nos centramos en un objetivo, esperamos que la meditación sea de una forma concreta. Nos esforzamos para que eso *suceda* y valoramos nuestro progreso en función del objetivo. Aunque esta clase de esfuerzos pueden parecer útiles para lograr una «buena» meditación, lo cierto es que interfieren y hacen que dejemos de centrarnos en la experiencia del momento presente. Por ejemplo, si una meditación no transcurre como queremos, nos sentimos frustrados por lo que *está* pasando en el momento y acabamos luchando internamente. El apego al objetivo y la aversión a una experiencia alternativa nos dejan una sensación de frustración e insatisfacción. En consecuencia, quizá redoblemos nuestros esfuerzos por alcanzar un objetivo, generando aún más sufrimiento, o quizá tiremos definitivamente la toalla, privándonos de los beneficios de la meditación.

Reflexión:
Analizar tus expectativas

Reflexionar sobre lo que has leído puede ayudarte a poner en claro tus ideas. Ahora tómate cierto tiempo para examinar cualquier expectativa u objetivo que tengas respecto a la meditación. Quizá tengas expectativas sobre lo que el mindfulness hará por ti, cómo ocurrirá eso o si verás los resultados. Al hacer la práctica formal de la respiración mindfulness, ¿qué querías que pasara? ¿Has forzado algo mientras practicabas? Dedica unos minutos a escribir sobre ello en tu diario. Tal como se ha apuntado en la introducción, primero tómate unos instantes para conectar con tu respiración, luego sintoniza con las sensaciones físicas, pensamientos y sentimientos que surjan cuando pienses en estas expectativas. No te preocupes por la calidad de la redacción, limítate a anotar tus ideas y sentimientos tal como vengan.

Cómo gestionar las expectativas

Algunos de los objetivos y expectativas que tiene la gente a la hora de meditar son: controlar los pensamientos, apaciguar la mente o relajarse. Tratar de alcanzar estos objetivos es un poco como pretender que una niña de dos años que tiene una rabieta se calme obligándola a estarse quieta. Esto suele dar lugar a que la criatura esté sobreestimulada y se vuelva rebelde. De manera similar, en la meditación tu mente estará más activa si intentas controlarla y tu cuerpo no se relajará si tratas de forzarlo; lo que hace que sea prácticamente imposible estar tranquilo y en paz. Curiosamente, la mejor manera de apaciguar la mente y relajarse es no intentar alcanzar estos estados.

Eso es más fácil decirlo que hacerlo, por lo que aquí tienes algunos consejos que quizá te sirvan. Antes de meditar, sintoniza contigo mismo e identifica cualquier expectativa o deseo. Fuérzate ligeramente a fomentar la bondad, la paciencia y una actitud de mera observación de lo que ocurre. Por otra parte, recuerda que no debes culparte de las divagaciones mentales y que volver a la respiración una y otra vez forma parte de la meditación tanto como centrarse en ella. Cuando adviertes que la mente divaga, en ese preciso instante vuelves a estar presente. De modo que al notar que divaga, deja de evaluarte, date las gracias por estar otra vez presente y vuelve a la respiración.

Una expectativa vinculada a la meditación mindfulness que puede convertirla en una lucha es pretender mantener la atención durante todo el rato. Al hacerlo no solo te alejas del momento, sino que quizá tengas la sensación de que la meditación se te hace eterna. Las sugerencias anteriores también valen para esta expectativa, junto con este consejo adicional: aspira únicamente a prestar atención a la inspiración en curso y, después de eso, aspira únicamente a prestar atención a la inspiración en curso. Dicho de otra manera: deja de pretender prestar atención más allá del momento presente. Tener expectativas realistas puede ayudarte a gestionar la realidad de la mente divagadora y regalarte el sosiego profundo en el momento.

Expectativas de la búsqueda crónica de aprobación ajena

Las pautas para lidiar con las expectativas durante la meditación valen también para tus expectativas de que debes complacer a los demás. Experimentar de qué manera los objetivos de la meditación generan angustia en lugar de paz, puede ayudarte a entender que esforzarse por obtener amor y seguridad, a costa de tu bienestar, produce el mismo efecto. Iluminar con la luz de la conciencia plena los objetivos y las expectativas de la búsqueda crónica de aprobación ajena, sencillamente reconociéndolos, te pone en la senda hacia la liberación de estos.

Por ejemplo, pongamos por caso que te han pedido que formes parte del comité de una organización de la que eres voluntario. Es posible que creas que ya le dedicas demasiado tiempo, pero tu respuesta normal y automática sería: «Naturalmente que sí». Con la práctica del mindfulness, puedes hacer una pausa, inspirar e identificar tu expectativa de complacer como sea a los demás. Esto quizá te conceda unos instantes para poder liberarte de tu reacción habitual y reaccionar, en cambio, consciente y hábilmente.

Reflexión:
Analizar tus objetivos de búsqueda de aprobación

Tómate unos minutos para practicar la respiración mindfulness y luego reflexiona sobre lo que acabas de leer. ¿En qué objetivos de búsqueda de aprobación quedas atrapado? ¿Qué pasa cuando te centras excesivamente en conseguir esos objetivos? ¿Qué sensaciones experimentas cuando te pones a valorar tu progreso en función de estos? Tal como sugiero en la introducción, cuando escribas el diario adopta para contigo mismo y tu experiencia una actitud receptiva, autocompasiva y no evaluativa.

ACTITUDES QUE ADOPTAR EN LA PRÁCTICA DEL MINDFULNESS

En *Full Catastrophe Living* (1990), (titulado *Vivir con plenitud las crisis* en su versión en castellano), Jon Kabat-Zinn escribió sobre determinadas actitudes que fomentar en tu práctica del mindfulness, incluyendo la paciencia, la mente de principiante, no evaluar, no forzar y aceptar. Practicar el mindfulness fomentará estas cualidades y entrenarlas lo fomentará. Te animo a que te comprometas a practicar lo más a menudo posible esta práctica que he adaptado, previa autorización, a partir del trabajo de Kabat-Zinn.

Paciencia

La paciencia es esencial para tener una vida en paz y cultivar el mindfulness. En palabras atribuidas a Francis de Sales, obispo de Ginebra en el siglo XV: «Lo que necesitamos es una taza de conocimiento, un barril de amor y un océano de paciencia». Más recientemente, Jon Kabat-Zinn escribió: «El mindfulness no se fuerza desde la resistencia. Tienes que trabajar con delicadeza los bordes, un poco por aquí y otro poco por allá, manteniendo tu visión viva en el corazón, especialmente en los momentos de más dolor y dificultades» (1990, 299). Entrenar la paciencia puede ayudarnos a entender que la mayoría de las cosas se derivan de un proceso de desarrollo. Por ejemplo, las mariposas salen lentamente de su capullo y si intentas ayudarlas a salir, mueren. En este sentido, si tratas de obligarte a cambiar en el acto, quizá te sientas frustrado y te des por vencido.

Cambiar hábitos arraigados y antiguos de la búsqueda crónica de aprobación ajena puede llevar su tiempo. Tendrás que ser paciente con el proceso. De igual modo, te ruego que seas paciente contigo mismo cuando cultives el mindfulness. Es probable que nunca te hayan enseñado a prestar atención de esta manera. Dado que tienes otras formas habituales de prestar atención (o no prestarla), tendrás que ser amable y paciente contigo mismo mientras desaprendes estos patrones. Si entrenas la paciencia con la práctica del mindfulness y los patrones de búsqueda de aprobación ajena, es probable que puedas seguir con el proceso y desarrollar una mayor confianza en ti mismo y un mayor equilibrio en tus relaciones.

Mente de principiante

Una vez, mientras guiaba a un paciente de setenta años en un ejercicio de conciencia plena, este experimentó hasta qué punto daba las cosas por sentadas. Dijo apesadumbrado: «Miro pero no veo, y escucho pero no oigo». Continuó reflexionando sobre esto e instantes después estaba reprimiendo las lágrimas, porque cayó en la cuenta de que al despedirse de su mujer aquella mañana no había estado presente.

Por numerosas razones, todos damos por hecho cosas y olvidamos sintonizar con la riqueza del momento presente; en cambio, con una mente de principiante, miramos cada momento, situación y experiencia como si topáramos con ello por primera vez. Para trasladar esto a la búsqueda de aprobación ajena, observa qué pasa en tu fuero interno cuando estás a punto de decir «lo siento» por algo que no es tu culpa. Observando la experiencia con mente de principiante, como has hecho con las pasas, puedes proporcionarte una nueva perspectiva que puede conducir a una mayor comprensión.

No juzgar

A medida que vayas observando tus pensamientos más a menudo probablemente te des cuenta de la frecuencia con la que juzgas casi todo. Emitir juicios forma parte del ser humano y suele realizar importantes funciones. Por desgracia, la mente ha llevado esto a extremos desmedidos, juzgando constantemente todo, lo que puede dejarnos una sensación de insatisfacción. Y como estos juicios son muy automáticos e inconscientes, tendemos a reaccionar automáticamente basándonos en ellos, lo que agrava el problema.

Por ejemplo, si te han educado para pensar que el amor tienes que ganártelo, puede que cuando veas a un amigo haciendo algo, emitas inmediatamente el juicio de que necesita ayuda y te lances a ayudarlo. Sin embargo, es posible que este juicio no sea acertado. A lo mejor tu amigo tiene la situación bajo control y le molesta tu intervención. En este caso, lo que ha empezado como una estrategia para obtener aprobación produce un efecto indeseado.

La práctica del mindfulness puede ayudarte más claramente a ver el juicio como un juicio, un paso importante para reducir la tendencia a juzgar y creerte tus juicios. Tal vez entonces seas capaz de abrirte a nuevas respuestas en lugar de reaccionar basándote en juicios críticos.

No forzar

La vida cotidiana tiende a estar plagada de cosas que hay que ejecutar y de objetivos por cumplir. Como resultado, nuestra atención no suele estar en el momento. Evidentemente, cuesta estar satisfecho y en paz en el momento en que nos centramos en cambiar el estado de las cosas; en vez de eso es posible que estemos inquietos e insatisfechos, lo que dificulta que actuemos de forma receptiva y hábil.

Es parecido a golpear la pelota de tenis. Si te adelantas al momento y piensas en la pelota volando de vuelta a tu contrincante, en lugar de observarla, sentir tu cuerpo y usar los músculos para golpearla hábilmente, quizá no le des. Permanecer en el momento puede ayudarte a establecer contacto con la pelota. De igual modo, permanecer en el momento puede ayudarte a establecer contacto con la vida.

Cuando en la vida cotidiana detectes expectativas, reconócelas como tales y luego prueba a adoptar una actitud de «vamos a ver qué pasa». Esto puede ayudarte a estar más receptivo a lo que sea que esté pasando en el momento en lugar de que te esfuerces por lograr determinado resultado.

Esta actitud de no forzar es importante en la práctica del mindfulness. Si utilizas el mindfulness para intentar librarte de una sensación o una experiencia, como por ejemplo la frustración o la divagación mental, probablemente solo incrementes tu esfuerzo. La mera observación del momento presente con el corazón abierto, una y otra y otra vez, sin intentar forzar nada, es lo que fomenta el cambio.

Aceptación

Cultivar la paciencia, la mente de principiante, no juzgar y no forzar las cosas desarrolla la capacidad de dejar que el momento sea como es, ayudándote a verlo con más claridad. De igual modo, darte permiso para ser tal cual eres te ayudará a experimentar la aceptación que no recibiste suficientemente de pequeño. En consecuencia, podrás dejar de esforzarte para obtener esta aceptación de los demás y, en su lugar, podrás relajarte en el momento y reaccionar ante la vida con menos reactividad. Puedes extender esta actitud de tolerancia a tu práctica meditativa, aceptando cualquier divagación de la mente o inquietud que percibas durante la meditación.

En vista de lo orientada que está nuestra cultura al logro de objetivos y lo arraigada que puede llegar a estar la convicción de que debemos complacer a los demás, adoptar una actitud vital de «aceptación» es un acto de valentía. Cuando podemos estar presentes en nuestras experiencias tal cual son, no tenemos que perder tiempo ni energía negándolas ni combatiéndolas, ni intentando forzar que las cosas no sean como son. Mediante el mindfulness alimentamos esta actitud de aceptación y, a la larga, de libertad.

DESPERTAR REPENTINO Y GRADUAL

Pese a que la práctica del mindfulness tiene beneficios inmediatos, sus efectos también son graduales y acumulativos. Conforme ejercitamos el ser conscientes y receptividad del momento, con el tiempo nuestra conciencia plena y aceptación de este se refinan y refuerzan. No solo prestamos atención más a menudo, sino «de otra manera y con más sensatez. Con toda la mente y el corazón, usando todos los recursos del cuerpo y sus sentidos» (Williams et al. 2007, 55).

Saber esto puede ayudarte a dejar que tu práctica sea como es en el momento, con confianza en su evolución. Por ejemplo, la mayoría de las personas que tienen un primer contacto con el mindfulness hablan de beneficios inmediatos tales como la sensación de estar más vivas y relajadas. Mediante la práctica continuada la gente tiende a experimentar otros beneficios, como la liberación de hábitos de toda la vida; esto llega con el tiempo y también cambia de día en día. Te animo a que dejes que tu práctica evolucione de forma natural, sin intentar forzarla, para que se ajuste a cualquier expectativa que puedas abrigar a partir de los ejemplos e historias de este libro.

Ejercicio:
Anímate a practicar el mindfulness

Tómate unos minutos para practicar la respiración mindfulness. Luego siéntate tranquilamente y sintoniza con tus pensamientos y sentimientos respecto al mindfulness. Quizá tengas la sensación de que este libro y los beneficios del mindfulness te ayudarán. Puede que dudes de tu capacidad de practicar el mindfulness o de que este vaya a cambiar algo. Sea lo que sea lo que suceda en tu fuero interno, reconócelo, deja pasar cualquier juicio y anímate a adquirir el compromiso de probar con entusiasmo la práctica del mindfulness. No sabrás si está hecho para ti a menos que lo pruebes.

RESUMEN

Después de leer esta primera aproximación al mindfulness y haber probado unas cuantas prácticas, quizá tengas más preguntas que al empezar, sobre todo si el mindfulness es nuevo para ti. Observa y suelta cualquier resistencia, y retén tus preguntas, permitiendo que aumenten tu curiosidad y alimenten un análisis más profundo.

Te animo a practicar con regularidad y a hacer la práctica tuya. Proponte escuchar tu corazón y tu intuición cuando tomes decisiones sobre tu práctica, sobre todo teniendo en cuenta que parte de la búsqueda de aprobación ajena consiste en hacer las cosas como crees que los demás las aprobarían. Este libro te hace sugerencias, no te da normas para tu práctica. Te recomiendo que empieces probando lo que se sugiere y compruebes si te va bien.

La práctica del mindfulness requiere energía, tiempo, valor y compromiso, y te pide que observes con intensidad el momento, sea alegre o desagradable. Como se ha mencionado, la práctica del mindfulness no es necesariamente fácil, pero está cargada de sentido y es útil. Recuerda que es a través del proceso de prestar simple y llanamente atención al momento con el corazón abierto, una y otra y otra vez, como puedes liberarte de la necesidad de complacer.

2

Cómo se desarrolla la búsqueda de aprobación ajena

Volvamos con Grant, del primer capítulo. Durante la jornada se sorprendió en repetidas ocasiones temiendo el conflicto con Abbie que había ido alimentando en su imaginación. Estaba dispuesto prácticamente a todo para que ella lo quisiera y para mantener la relación, incluso a ir con pies de plomo para conservar la paz, que es exactamente lo que había tenido que hacer con su padre. De pequeño, su padre le exigía que cumpliera rigurosamente con las normas, exponiéndose al castigo y al rechazo si no lo hacía. Al preocuparse por Abbie, el pasado de Grant se había colado en el momento presente.

En este capítulo hablaré de la herida infantil que suele generar la búsqueda crónica de aprobación ajena: no recibir amor incondicional de nuestros padres y personas de referencia. Además, explicaré de qué manera la búsqueda de aprobación ajena surge como una respuesta natural a esta herida. Esta información puede ayudarte a ver el pasado con claridad y entender cómo te afecta en el presente. Asimismo puede ayudarte a entender que el pasado no eres tú, ni es tu culpa. Esta perspectiva puede dar lugar a una comprensión bondadosa, la autocompasión, y la capacidad de liberarse de la reactividad y permitir que el momento presente esté menos influenciado por heridas pasadas.

AMOR INCONDICIONAL

Sentirse conectado con una persona y preocuparse por ella sin querer nada a cambio es un distintivo del amor incondicional. Venerado en textos espirituales y psicológicos, por no mencionar el sinfín de canciones populares, este tipo de amor es infinito, inconmensurable y se entrega sin reservas. Reconoce la belleza interior de la persona y es independiente de lo que esta piensa o siente, o de cómo actúa. Por eso el amor continúa aun cuando el ser amado hace algo que está «mal», porque la conducta no perjudica a su verdadera y resplandeciente naturaleza. En otras palabras, es el comportamiento del ser amado lo que se considera problemático, no la persona. Con el amor incondicional, el ser amado no tiene que ganarse el amor; se le da sin reservas.

En lo que respecta a los niños, esto no significa que deba dejárseles actuar como les dé la gana, sino que quienes cuidan de ellos les proporcionen una disciplina compasiva y adecuada a su edad, rumbo, límites y orientación. Cuando los niños reciben amor incondicional de sus referentes, se sienten a salvo y seguros de su belleza interior. Establecen fuertes vínculos con quienes los cuidan y obtienen un sinfín de beneficios y bendiciones. Saber en un nivel muy básico que son amados y dignos de ese amor les ayuda a confiar en su bondad y les permite proyectar esa confianza al mundo. Pueden abrirse a su verdadera naturaleza amorosa, implicándose completamente en la vida, experimentando el amor y haciéndolo extensivo a los demás. Este vínculo auténtico suele considerarse el núcleo del bienestar psicológico.

NO SENTIRSE AMADO NI DIGNO DE SERLO

Todos tenemos en nuestros circuitos mentales el deseo de ser totalmente amados y aceptados. Sin embargo, es imposible dar o recibir amor incondicional constantemente, porque todos los humanos compartimos una herida común de la infancia, si bien el grado de esa herida varía. Por lo menos ocasionalmente, todos los niños viven experiencias en las que no les es revelada su belleza interior a través de la aceptación constante y afectuosa de quienes los cuidan (Welwood 2006). En consecuencia, de alguna manera se nos priva a todos de la conciencia plena de nuestra valía innata e interna.

Hay otra dinámica infantil que contribuye a generar sentimientos de indignidad. De pequeños, como nuestros padres son mayores que nosotros y saben más, creemos que son todopoderosos y sabios. Esta convicción es importante para ayudarnos a sentir a salvo y, puesto que confiamos nuestra supervivencia a nuestras personas de referencia, no es fácil que se tambalee. Por eso creemos en quienes nos cuidan, aunque digan o hagan cosas insultantes, sin amor, sin aceptarnos y luego den por sentado que somos imperfectos por naturaleza.

Así pues, para evitar que nos hieran de nuevo, desconectamos de nuestras emociones y nuestros cuerpos, donde realmente percibimos las sensaciones del amor: calidez, expansividad, serenidad o cosquilleo, por mencionar unas cuantas. Este entumecimiento se convierte en la norma. Además, dado que nuestra experiencia original del amor es recibirlo de los demás, creemos que el amor se origina fuera de nosotros mismos y buscamos en los demás la prueba de ello (Welwood 2006), lo que nos desconecta más aún de nuestra propia naturaleza amorosa. En consecuencia, nos afanamos de manera compulsiva en ganarnos el amor y tememos la posible repercusión de no recibirlo: el abandono.

Por añadidura, dado que el apoyo de quienes nos criaron fue esencial para nuestra mismísima existencia y el deseo de amor incondicional es profundo, hemos ido buscando la manera de congraciarnos con ellos, dando lugar a algunos de los patrones de pensamiento y emociones asociados a la búsqueda crónica de aprobación ajena (estos pensamientos y emociones se describen en el capítulo 3). Esto nos predispone a más dolor y sufrimiento, porque intentamos conseguir el amor perfecto a la vez que se nos priva de él.

Para colmo de angustias, las conductas de búsqueda de aprobación, por su propia naturaleza, nunca pueden dar lugar a la experiencia del amor incondicional; al fin y al cabo, implican hacer algo con objeto de obtener amor.

Tal vez pienses que el deseo de amor incondicional es el problema. Pero el problema no estriba en el deseo en sí, sino en cómo reaccionamos a él: creyendo que si lo intentamos con suficiente ahínco y nos volvemos dignos de ese amor, podremos obtenerlo. Otro problema es que sencillamente no es posible recibir amor incondicional constante. De modo que aunque no es intrínsecamente problemático anhelar este amor, ese deseo casi siempre se considera un criterio estándar y acabamos pensando que el amor que nos dan los demás *no* es suficiente. Como intentamos en vano saciar esta sed insaciable, solemos acabar consolidando la convicción de que somos indignos y no merecemos amor.

No es de extrañar que esa herida infantil desemboque en conductas habituales de complacencia ajena y relaciones compulsivas plagadas de problemas. Afortunadamente, hay una solución: cuando nos abrimos a nuestra belleza innata interior y nuestro deseo profundo de amor, podemos sanar el corazón herido y entender que en nuestro interior ya tenemos el amor que necesitamos. La práctica del mindfulness puede traer consigo esta conciencia plena. A través de esta profunda apertura, podemos dar amor, en ocasiones hasta incondicionalmente, y aceptar y hallar dicha en el amor que recibimos, sea incondicional o no. Dependeremos menos de que los demás nos demuestren nuestra valía, porque nuestros corazones serán más resistentes y estarán menos heridos.

HISTORIA DE MADELINE

Madeline, una médica de cincuenta años, vino para hacer un curso de mindfulness por recomendación de su psicólogo. Estaba desesperada, deprimida, no se sentía amada ni digna de serlo. Pese a haber triunfado con creces académica y profesionalmente, desde que tenía memoria había vivido con la sensación de que tenía un problema gordo.

De pequeña, Madeline fue víctima de malos tratos, negligencia y, trágicamente, sufrió el suicidio de su madre. Le dijeron que su madre no la quería, lo que contribuyó a su sensación de profunda vergüenza, de que no merecía amor y era responsable de la muerte de su madre. Estos sentimientos quedaron soterrados, ya que Madeline le dio la espalda al amor pese a su deseo desesperado de este. Tras la muerte de su madre, si manifestaba su dolor, la castigaban. Creyó que no le quedaba más remedio que limitarse a hacer lo que consideraba que la mantendría a salvo y fomentar cualquier posibilidad incluso remota de recibir amor y aceptación. Madeline se volcó en las tareas domésticas y en cuidar de sus hermanos, dejando poco tiempo para ocuparse de sus emociones y su necesidad de amistades y juegos. La aceptación que halló le vino de sus profesores. Eso le dio la esperanza de que las cosas mejorarían en cuanto se independizara y recibiera una buena formación académica.

De jovencita procuró obtener aceptación destacando en el colegio y el trabajo, pero nunca se sintió valorada por lo que era, sino solo por sus logros. Siempre daba la impresión de que nunca sería capaz de hacer lo suficiente por demostrar su valía. Debido a su convicción de que era indigna y no merecía amor, se conformó con un matrimonio que no le llenaba y en el que esporádicamente hubo malos tratos. Sus hijos eran la única alegría de su vida.

Mediante el mindfulness y la meditación de bondad amorosa (tratada en el capítulo 7), además de la psicoterapia, Madeline se liberó poco a poco de su herida infantil. Durante un retiro de meditación, se recogió en silencio el tiempo suficiente para experimentar que había estado buscando en vano el amor incondicional que quería obtener de su madre, y que había decidido que todo el amor que recibía era insuficiente. En la quietud, experimentó la revelación, que le cambió la vida, de que en su interior había un amor que no dependía de nadie. Este descubrimiento fue consecuencia directa de su voluntad de estar tranquila, observar su experiencia y cultivar decididamente el amor que la herida de su infancia había tapado, pero que seguía en su interior.

Cómo vivimos la falta de amor

No es difícil entender que, tengan la edad que tengan, las personas sometidas a malos tratos y negligencia sientan que no son amadas ni dignas de serlo. Pero la búsqueda crónica de aprobación ajena puede desarrollarse hasta en niños criados en familias afectuosas y estables. Entre las situaciones que pueden predisponernos a una vida de búsqueda de aprobación ajena se cuentan recibir amor condicional, no ser valorado por lo que somos, no tener voz ni voto en decisiones que nos afectan y, naturalmente, los malos tratos y la negligencia. La intensidad del ciclo de búsqueda crónica de aprobación ajena depende de la gravedad de las circunstancias que crearon la sensación de no ser amado ni digno de ello.

Amor condicional

Una causa sutil pero preponderante de la sensación de no ser amado son las personas de referencia que dan amor en función de si el niño cumple con sus expectativas y le privan de él cuando no está a la altura de sus normas. Es evidente que los padres quieren que a sus hijos les vaya bien en el colegio y en la vida. Pero cuando les retiran las muestras de amor porque no están a la altura de las expectativas, los niños aprenden que no son aceptados. Cuando se equivocan y se les trata con desdén o críticas, o simplemente se les ignora, aprenden que algo falla en ellos.

Hay muchas formas de amor condicional y, naturalmente, los padres difieren en la manera de negar su amor. Puede que algunos acribillen a sus hijos a juicios duros y humillantes, y desencadenen consecuencias serias y a veces abusivas incluso por errores sin importancia. Otros padres simplemente retiran sus demostraciones de amor cuando el niño no cumple con sus exigencias. Y otros dan la espalda a sus hijos con más sutileza cuando no obedecen.

No ser valorado por lo que eres

En ocasiones los padres ven a su hijo como una prolongación de sí mismos e intentan moldearlo a su imagen, imponiéndole sus propios deseos. Obvian respetar su persona y si sus propios deseos se adecuan a él. En su libro *Padres conscientes, hijos felices*, que trata sobre el papel del mindfulness en la paternidad, Myla y Jon Kabat-Zinn (1997) describen la naturaleza única de las personas, la personalidad y el sentido de la vida como soberanía. Cuando se ignora o no se respeta la soberanía del niño, este llega a la conclusión de que su persona no importa.

Una de mis alumnas de mindfulness, Brigid, una estudiante de posgrado de treinta años, se describió a sí misma como una niña introvertida y a su madre como una empresaria influyente y extrovertida. Su madre solía reprenderle por no ser más sociable y mostraba desprecio por las actividades solitarias que prefería Brigid. Le decía con frecuencia que «tuviera agallas». En consecuencia, Brigid adquirió la convicción de que su forma de ser no estaba bien tal cual era y de que tenía un problema intrínseco. En lugar de desarrollarse con su naturaleza única, se esforzó por ser lo que su madre quería y por el camino se volvió ansiosa y depresiva. Trabajó en marketing y en ventas, pero el empleo no le satisfacía. Al abrirse a sí misma quiso convertirse en profesora de yoga y psicoterapeuta. Esta profesión estaba hecha para ella y según avanzaba en esta dirección sentía más conexión con la realidad y control de su sendero vital. Y cuando estableció su propia identidad y adquirió más seguridad, también halló el modo de desarrollar una relación afectuosa con su madre.

No tener voz ni voto

A veces la búsqueda habitual de aprobación ajena parte de la suposición inconsciente del niño de que no sabe qué es lo que más le conviene porque quienes están a su cargo, los profesores u otros adultos de referencia, siempre toman las decisiones por él. Si a los niños no se les anima a explorar y aprender de su propia experiencia, o si sus pensamientos, opiniones y deseos no se valoran, no aprenden a encontrar su propio lugar en el mundo y, en vez de eso, buscan la orientación para saber qué hacer fuera de sí mismos. Además, quizás adquieran la convicción de que no importan. Con el tiempo, su sabiduría interior y naturaleza única quedan sepultadas, y pierden el contacto consigo mismos.

Malos tratos y negligencia

Vivir negligencias o malos tratos hace del mundo un lugar sumamente siniestro y puede conllevar un montón de problemas de desarrollo y emocionales. Las repercusiones de los malos tratos y la negligencia dependen de su gravedad y duración, así como del niño en concreto. Una negligencia y un abuso extremos pueden redundar en un abandono casi total de cualquier intento por conectar con los demás. Los casos menos severos pueden resultar en un niño que, lógica y constantemente, busca amor y aprobación a través de la búsqueda crónica de aprobación ajena. La conducta de complacencia ajena probablemente sea más elevada entre quienes sufrieron negligencia o abusos, puesto que los niños maltratados suelen estar dispuestos a hacer lo que sea para seguir congraciados con el maltratador y evitar más malos tratos.

Reflexión:
Analizar tu herida infantil

Empieza por relajarte practicando la respiración mindfulness, tal como se detalla en el capítulo 1, durante unos minutos. A continuación repasa las categorías de heridas infantiles resumidas arriba para discernir cuál se aplica a tu persona, si acaso hay alguna. Mientras reflexiones sobre estas cuestiones, recuerda observar y dejar pasar todo juicio de tu persona o de quienes te cuidaron lo mejor que sepas.

¿El amor de quienes te criaron era condicional y, en tal caso, cuáles fueron las circunstancias? ¿Sufriste malos tratos o negligencia que comportaron la sensación de no ser amado ni digno de serlo? ¿En ocasiones te negaban tus padres su amor y aceptación? En tal caso, ¿cuándo y cómo lo hacían? ¿Te dejaban averiguar lo que era importante para ti y participar en las decisiones? ¿Qué sentimientos afloran cuando piensas en ello? Dedica un rato a escribir en tu diario sobre incidentes de tu infancia que reflejen cualquiera de estas circunstancias. ¿De qué manera inciden ahora en tu vida esos acontecimientos? Este tipo de exploración puede ser dolorosa, así que, por favor, sé indulgente contigo mismo cuando analices este tema.

RESUMEN

De pequeños, el mayor obsequio que podemos recibir es que nos quieran como somos. Es un aspecto crucial muy importante del bienestar psicológico, y todos lo deseamos. Sin este obsequio, nuestros corazones están heridos y no podemos entender que nuestra verdadera naturaleza es el amor. Nos protegemos de forma natural para que no vuelvan a herirnos, bloqueando nuestros sentimientos, nuestros cuerpos y nuestra sabiduría innata. Desarrollamos una sensación crónica de desconexión y acabamos creyendo que tenemos un problema intrínseco; lo que hace sumamente difícil que demos y recibamos amor.

En consecuencia, nos entra una sed insaciable de amor y un miedo atroz a no encontrarlo, dos fuerzas poderosas que desembocan en un patrón crónico de conductas de búsqueda de aprobación ajena. La vida se convierte en una búsqueda para encontrar amor, aprobación e indicios de que somos lo bastante buenos para merecer amor y aprobación. Sin embargo, como las conductas de búsqueda de aprobación ajena se fundamentan en la idea de que debemos hacer esas cosas para ser amados, en realidad nos niegan la experiencia de que nos acepten como somos. Por suerte, el mindfulness y la bondad amorosa pueden ayudarnos a conocer y sentir nuestra bondad innata, al margen de que en otros momentos de nuestra vida hayamos recibido suficiente amor incondicional.

3

La búsqueda crónica de aprobación ajena

La naturaleza paradójica de la búsqueda crónica de aprobación ajena descrita en el capítulo 2 es tan medular en este problema que no está de más repetirlo: procurar obtener amor y aceptación de manera compulsiva no funciona y, de hecho, nos deja más insatisfechos y vacíos. Cuando leas este capítulo, recuerda que es bastante difícil tanto dar como recibir amor incondicional, y que los intentos por complacer a los demás nunca pueden comportar una experiencia de amor incondicional precisamente porque el esfuerzo realizado para conseguirlo implica que no es incondicional. De ahí que todos los intentos de obtener amor y aprobación no lleguen a alcanzar el premio casi imposible del amor incondicional, al margen de lo bien que complazcas a los demás. Sin embargo, aunque esta estrategia no funcione, la fuerza impulsora que hay tras ella (el deseo de ser amado incondicionalmente) es comprensible, y el estado de no sentirse amado merece una gran compasión.

Este capítulo analiza los pensamientos, emociones y conductas que intervienen en la búsqueda crónica de aprobación ajena. Identificar los que te conciernen te ayudará a entender tu punto de partida: el lugar desde el que empieza tu viaje hacia la libertad. Te animo a que practiques el mindfulness mientras lees este material. Detente a menudo para hacer una inspiración y observa tus pensamientos y sentimientos. En los próximos capítulos te ofreceré diversas prácticas y ejercicios de mindfulness que pueden ayudarte a mejorar la habitual búsqueda de aprobación ajena y abrirte al amor que hay en tu interior, de modo que puedas honrar tu persona y a los demás con un amor más tolerante y quizás hasta incondicional.

PENSAMIENTOS QUE INTERVIENEN EN LA BÚSQUEDA CRÓNICA DE APROBACIÓN AJENA

Empecemos con algunos de los pensamientos más frecuentes que llevan a la búsqueda crónica de aprobación ajena. Cuando leas los apartados que siguen, recuerda la naturaleza paradójica de esta. Observa cuáles de estos pensamientos sueles albergar y cualquier juicio que emitas al respecto o sobre ti mismo por albergarlos. Es importante admitir que no somos plenamente conscientes de muchos de nuestros pensamientos y creencias, lo que los hace aún más poderosos. Más adelante, en el capítulo 6, aprenderás a practicar el mindfulness con pensamientos y eso te dará más alternativas a la hora de reaccionar a ellos.

«Haré lo que sea para que me quieran»

Puede que pienses que, para obtener el amor que tanto deseas, tienes que complacer a los demás a cualquier precio. Este es el pensamiento más característico de la búsqueda habitual de aprobación ajena. Tal vez creas erróneamente que si los demás te dan su aprobación, acabarás obteniendo el amor incondicional que siempre has deseado. Quizá también te preocupe no complacer a los demás y que tus posibilidades de recibir amor incondicional sean escasas o nulas, y que a lo mejor te abandonen. Es asombroso lo que la gente llega a hacer para obtener amor.

«¿Qué quieren los demás de mí?»

Otro pensamiento frecuente de la búsqueda de aprobación ajena se caracteriza por la preocupación compulsiva por lo que los demás opinan de ti, qué esperan de ti y qué deberías hacer al respecto (Braiker 2001). Puede que te preocupes exageradamente por los deseos y opiniones ajenos, y fijes tu atención fuera de ti. La convicción que sustenta esto es que si consigues saber lo que los demás quieren y se lo das, seguro que te darán el amor incondicional y la sensación de seguridad que deseas. Viéndolo desde un punto de vista ligeramente distinto, un objetivo de la búsqueda crónica de aprobación ajena es evitar disgustar a los demás y provocar cualquier conflicto que pueda derivar en la negación de amor. En muchos casos, quizá ni siquiera sepas realmente qué quieren los demás de ti. Simplemente supones que lo sabes e intentas dárselo.

De joven, sudé tinta para obtener la formación y la certificación requerida, un proceso largo y estresante, para convertirme en contadora pública autorizada, simplemente porque creía que mi padre y mi ex marido, ambos CPA, así lo querían. Hay muchos otros ejemplos cotidianos menos drásticos de cómo nos preocupa lo que deberíamos hacer para obtener la aprobación ajena. Pensamientos tan corrientes como: «Me pregunto qué se pondrá la gente para ir a la fiesta» o «¡Vaya, otra vez me está mirando! ¿Qué querrá?» O: «Tiene el ceño fruncido» o «¿Qué he hecho mal?» Estos pensamientos quizá contengan un elemento de inquietud por tratar de averiguar lo que los demás esperan de nosotros con el fin de dárselo y que de este modo nos quieran o caigamos bien. También pretenden evitarnos problemas, anticipándonos a las necesidades o expectativas ajenas. Por ejemplo, a lo mejor creemos que saber qué ponernos para una fiesta podrá ayudarnos a obtener o mantener la aceptación ajena, garantizándonos así el amor y la seguridad.

«Es decisión mía»

Hay un par de suposiciones implícitas que pueden incidir en tu preocupación por lo que los demás quieren y por lo que deberías hacer para satisfacer sus necesidades. El supuesto de que en realidad hay que cuidar de los demás te predispone a que te preocupes por ayudarles. La otra convicción principal es que deberías ser tú quien los cuide. Estas ideas pueden elevar tu preocupación a nuevas cotas y avivar el fuego de la búsqueda crónica de aprobación ajena.

«No merezco amor»

Tal vez abrigues la convicción relativamente común de que hay algo innato en ti que no funciona, que no mereces amor y debes, por tanto, intentar ganártelo constantemente (Rapson y English 2006). Con estas quimeras, es natural que omitas tus necesidades legítimas y te centres en los deseos ajenos. Además, los sentimientos de demérito pueden hacer que te esfuerces aún con más ahínco en demostrar tu valía intentando complacer a los demás, un esfuerzo que también contribuye a desviar la atención de estos desagradables sentimientos.

«Me juzgarán y me rechazarán»

En su libro *When Pleasing You Is Killing Me* [Cuando complacer me mata], el psicoterapeuta Les Carter recapitula uno de los pensamientos clave que intervienen en la búsqueda de aprobación: «La gente adquiere la idea de que está condenada a que la juzguen mal si no actúa como los demás querrían que actuara» (2007, 107). Tal vez pienses que las críticas son un indicio de rechazo y por eso eres tremendamente susceptible a ellas, y a lo mejor un experto en evitarlas. Puede que intentes adelantarte a las críticas procurando complacer de algún modo a los demás, quizá siendo excesivamente simpático o solícito.

Por otra parte, es posible que analices el entorno de manera compulsiva en busca de indicios de que alguien te necesita o está disgustado contigo, y captes con nitidez señales potenciales de que eso está ocurriendo. Puede que interpretes el ritmo y la fuerza de los pasos de alguien como un indicio de que la persona está enfadada y te va a cantar las cuarenta. Puede que creas que un determinado tono de voz significa que el interlocutor está molesto, y que tú eres el causante del estado de ánimo de esa persona y tienes que ponerle remedio. El objetivo de esta hipervigilancia es ayudarte a evitar conflictos o el menosprecio de los demás, huyendo o convirtiéndote en cuidador para evitar más problemas. Estas suposiciones no son necesariamente ciertas, y permanecer hiperalertas puede resultar agotador, sobre todo si habitualmente desemboca en conductas de cuidador innecesarias y ansiosas.

«Tengo que ser perfecto»

Otro proceso mental frecuente que interviene en el intento de conseguir amor y evitar el rechazo es tratar de ser perfecto, y procurar anticiparse y corregir cualquier defecto personal (Braiker 2001). Como ser perfecto es imposible, se convierte en una lucha extenuante plagada de infinitas y desagradables autoevaluaciones y autocríticas. Ya que parte de estas ansias de perfección comportan resultados positivos, es posible que el perfeccionismo cree una imagen idealizada de nosotros mismos, que enmascara sentimientos de demérito y vergüenza. Al final, esto conduce al agotamiento y a una paradójica sensación de fracaso, puesto que es imposible estar a la altura de un listón tan alto.

Dado el instinto natural de supervivencia para evitar el abandono y la tendencia generalizada a interiorizar las críticas de nuestras personas de referencia, esta clase de perfeccionismo y autoenjuiciamiento tiene su lógica. Sin embargo, si no dejas que te vean tal cual eres, nunca te aceptarán. El resultado es un ciclo de repetidos intentos para obtener aceptación que nunca triunfan.

HISTORIA DE CHRIS

Chris, una contable y estudiante de mindfulness de cuarenta años, que sufría lo que ella denominaba ansiedad de flotación libre, tuvo un instante revelador un sábado por la mañana en su jardín. Era una deliciosa mañana de primavera y las amapolas florecían. Estaba arrancando malas hierbas cuando notó el cuerpo tenso. Se detuvo y observó la tensión de mandíbula, nuca y hombros. También notó que su atención estaba a unos cinco metros y medio de distancia, puesta en su marido, Charles, y en lo que estaría pensando de ella: «No he arrancado del todo esa raíz. Seguro que Charles se ha dado cuenta. Cree que tendría que estar haciendo otra cosa». Y luego se preguntó: «¿Por qué me preocupa eso con el día tan maravilloso que hace?»

Aquello fue un descubrimiento para ella, porque entendió que esa experiencia era sintomática de cómo vivía la vida: siempre preocupada por lo que los demás pensaban; siempre pensando que había algo en ella que no funcionaba y que las críticas eran clamorosas, y siempre juzgándose. Ello la entristecía, y también le suscitaba la idea de que su inquietud pudiera ser infundada. Cuando se concentraba otra vez en arrancar las malas hierbas, volvía a asaltarle la misma inquietud. En cada ocasión la reconocía con plenitud de conciencia, inspiraba, se sonreía y redirigía su atención hacia la mala hierba que tenía delante y el día precioso que hacía. Esto le ayudaba a estar más tranquila y le permitía apreciar el momento.

Más adelante, gracias a varios meses de práctica de mindfulness, Chris fue capaz de entender que su autocontrol casi constante la empujaba a aspirar a la perfección, y que la búsqueda de la perfección, combinada con su detección autodirigida de defectos, en realidad le impedía conectar con los demás y recibir el amor que tanto deseaba.

Chris también tomó conciencia de que le costaba decidir lo que quería. Como estaba muy acostumbrada a recurrir a los demás para determinar lo que tenía que hacer, solía descartar pensamientos sobre sus propias necesidades a la hora de decidir qué hacer y cómo ser. La idea de focalizar su atención en una dirección que no fuese su marido le era totalmente ajena, y al no tener hijos se acrecentaba. Jamás se le había pasado siquiera por la cabeza la idea de que sus deseos pudieran ser tan importantes como los de su marido.

Con el tiempo y la práctica continuada, el mindfulness le permitió a Chris hacer una pausa en el momento e incluirse a sí misma y sus necesidades en sus opiniones acerca de lo que era importante. Al principio, a veces se olvidaba de incluirse y cuando lo recordaba tenía dudas sobre si hacerlo. Pero poco a poco fue librándose de la suposición automática de que su marido era el único que contaba, y con el tiempo su relación se volvió más equilibrada y gratificante para ambos.

«Decide tú»

En el ciclo de búsqueda crónica de aprobación, si alguien te pregunta directamente qué quieres, es probable que contestes lo que crees que la otra persona quiere o le devuelvas la pregunta. Aun cuando sepas exactamente lo que quieres, puede que te resulte casi imposible manifestar tus deseos por temor a herir sentimientos ajenos u ofender a los demás. La naturaleza de la búsqueda crónica de aprobación ajena convierte la determinación en sinónimo de actuar con egoísmo (Carter 2007). Tal vez te cueste decidir dónde te gustaría ir a cenar, por no hablar de manifestar en voz alta cualquier preferencia.

«No hay color»

Otro aspecto insidioso de la focalización extrema en los demás es tu comparación frecuente e injusta con el prójimo. Lamentablemente, estos pensamientos suelen tener como resultado que te consideres inferior o no tan bueno como los demás y quizá te lleven a creer que los demás son siempre mejores que tú. Además, es posible que empieces a idealizar a otras personas, minando aún más el respeto y la confianza en ti mismo e imposibilitando la igualdad en tus relaciones. Compararte constantemente con los demás, levanta, en esencia, otro obstáculo que te impide quererte tal como eres, haciendo más difícil que sane la herida por no sentirte amado ni digno de serlo (Welwood 2006).

«Yo voy el último»

Si intrínsecamente crees que no mereces ser amado y te consideras indigno, y practicas una focalización externa casi constante, esto puede alimentar la convicción de que mereces ir en último lugar y de que cuidarte es egoísta (Braiker 2001). Cuando la gente empieza a practicar el mindfulness, al principio suele costarle robar tiempo a los demás para meditar.

Una de mis alumnas, Rosie, una madre de dos niños pequeños felizmente casada, me confesó que no meditaba porque estaba tan centrada en su familia que casi nunca pensaba siquiera en ello. Cuando lo hacía, se sentía culpable por dedicarse tiempo a sí misma, a pesar de estar más conectada con la realidad y más feliz cuando lo hacía. Le ayudé a replantearse sus ideas entablando con ella una conversación sobre cómo su práctica podía ser incluso beneficiosa para su familia. Por ejemplo, si se notaba más consciente y anclada, a lo mejor podría hablar con más ternura a sus hijos e interactuar de manera más satisfactoria con ellos y su marido y viceversa. Entender esto le permitió empezar a meditar más a menudo. A medida que Rosie siguió practicando, analizó los pensamientos y sentimientos que contribuían a sus dudas iniciales sobre si dedicarse tiempo y cuidados.

Reflexión:
Analizar los pensamientos que te llevan a buscar aprobación ajena

Relájate poco a poco con unos minutos de respiración mindfulness. Luego reflexiona sobre los pensamientos habitualmente asociados con la búsqueda de aprobación ajena resumidos más arriba. ¿Con cuáles te identificas? ¿Cuáles no te resultan familiares? ¿Se te ocurre algún pensamiento que intervenga en tu propio ciclo de búsqueda de aprobación ajena que no se haya tocado aquí? Dedica un rato a escribir al respecto en tu diario, comprobando que te dispensas una atención abierta, compasiva y no evaluativa mientras analizas estos pensamientos. Para finalizar, haz una lista de los pensamientos que a ti te llevan a la búsqueda crónica de aprobación ajena. No olvides escribir realmente esta lista, porque la consultarás en próximos capítulos.

SENTIMIENTOS QUE INTERVIENEN EN LA BÚSQUEDA CRÓNICA DE APROBACIÓN AJENA

Es natural y saludable experimentar emociones de toda índole: alegría, pena, sorpresa, rabia, placer, decepción y miedo, por mencionar unas cuantas nada más. Las emociones son una parte esencial de la vida, nos ofrecen información sobre lo que es importante. Si no experimentaras el miedo, no darías un respingo cuando un perro te gruñe al acercarle la mano para que la olisquee. Si no experimentaras un pesar profundo por la pérdida de un ser querido, no entenderías lo mucho que te importaba esa persona. Si no experimentaras alegría ante el nacimiento de un hijo, no entenderías lo importante que es para ti la familia.

Aunque las emociones son importantes, solemos reaccionar a ellas procurando librarnos de las que son complejas y aferrarnos a aquellas que son agradables. Esta clase de lucha crea una relación muy difícil con nuestras emociones, y la búsqueda crónica de aprobación ajena exacerba esta lucha de muchas formas. Los apartados siguientes dan una idea de algunas de las emociones asociadas a esta búsqueda. Varias de ellas es posible que actualmente subyazcan tras tu conciencia plena. En el capítulo 8 ofreceré prácticas de mindfulness que pueden ayudarte a poner fin a tu lucha emocional y aliarte, en cambio, con tus emociones y bañarlas de bondad y compasión.

Ansiedad y vulnerabilidad

Una convicción fundamental del ciclo de la búsqueda de aprobación ajena es que pasarán cosas malas si no satisfaces a los demás. Por consiguiente, es lógico que puedas ser presa de la ansiedad y la vulnerabilidad. La combinación de la vulnerabilidad que nace del deseo desesperado de amor, los temores de no recibirlo y los sentimientos generalizados de demérito e incapacidad de inspirar amor son el marco para una ansiedad omnipresente. Además, el deseo de aceptación incondicional y el temor a que te vean tal como eres se contraponen, creando un conflicto interno que genera ansiedad. Dado que la reacción natural es ahuyentar las experiencias difíciles, la mayoría de estos pensamientos y sentimientos pasan desapercibidos, lo que puede predisponerte a más ansiedad cuando amenacen con aflorar a la conciencia. Una manera de distanciarte de estos sentimientos es seguir centrándote en los demás y en lo que pueden querer o necesitar.

Cuando aparece la ansiedad, no estamos en el momento presente. Cuando nos sentimos vulnerables, nuestra atención se ciñe al peligro percibido y nos vemos forzados a luchar, huir o quedarnos paralizados. Además, cuando somos conscientes de nuestros pensamientos y sensaciones de ansiedad, solemos reaccionar criticándonos negativamente, lo que intensifica nuestras reacciones. Por eso puede llegar a ser tan difícil librarnos de las garras de la ansiedad y la vulnerabilidad. La orientación al futuro, la atención restringida y las críticas negativas nos mantienen en un modo reactivo, especialmente si hay ausencia de conciencia plena. Tal vez nos sintamos condenados a repetir antiguas conductas reactivas, como no decir lo que pensamos. Aquí el mindfulness puede sernos muy útil y proporcionarnos la formación que nos permitirá vivir el momento presente, que es la antítesis de la ansiedad.

Nancy, una mujer de setenta años viuda desde hacía dos, con varios nietos, constituye un buen ejemplo de cómo el mindfulness puede ser útil en casos de ansiedad. La primera vez que vino a verme me contó que tenía ansiedad crónica y me dijo que no entendía por qué. En un momento dado, le hice hacer un ejercicio guiado de respiración mindfulness. Poco después de empezar la práctica, abrió de golpe los ojos y anunció: «No puedo hacer esto. Me preocupa mucho lo que opina de mí. No creo que me salga como usted quiere».

Aquello me llegó al alma, sobre todo porque yo me he sentido así muchas veces. Cuando hablamos de lo que acababa de suceder, ella recordó que muy a menudo se quedaba paralizada cuando hacía algo por los demás. Me dijo que cometía toda clase de errores y meteduras de pata cuando la gente esperaba algo de ella, y que había sido así desde que tenía memoria.

Al cabo de un rato, la animé a intentar el ejercicio de nuevo. Le sugerí que se fijara en los pensamientos y las sensaciones de ansiedad y que, en lugar de ahuyentarlos, desviara simplemente la atención hacia la respiración. Ya en aquella primera sesión, esto ayudó a Nancy a experimentar más conexión y ser más paciente consigo misma.

Demérito y vergüenza

Creer que no eres aceptable tal cual eres y perder el contacto con tu naturaleza amorosa innata puede desembocar en sentimientos de vergüenza y demérito. La idea de que tienes que ganarte el amor mantiene esos sentimientos intactos y prolonga la desconexión de tu bondad inherente. Con el tiempo, estos sentimientos se convierten en un filtro a través del cual contemplas todas las facetas de tu persona: cada acción, pensamiento e impulso. Evidentemente, esta progresión negativa solo hace que te analices de forma más crítica aún y busques validación y aprobación externa incluso con más desesperación.

Con este patrón, la gente suele considerar humillantes y vergonzosas sus ansias de atención y afirmación. En mi propia familia hay un triste ejemplo de ello. Mi madre, Mercedes, era la hija menor de una numerosa familia de campesinos, y creció, durante la Gran Depresión, con la sensación de que no la querían, no la apreciaban y de que la excluían. Hizo lo posible por ser lo que los demás querían que fuese y hacer lo que los demás querían.

Como hija menor, una de sus tareas era subir todas las noches el orinal a la planta de arriba. A continuación, sus padres le daban un beso de buenas noches y le decían: «Buenas noches, pequeña encargada del orinal». Jamás olvidó la humillación que le producía una tarea que consideraba indigna.

A los ochenta y pico años le pusieron una prótesis de cadera. Al ayudarle a vestirse, le masajeé con crema los pies y las piernas, porque ella no podía inclinarse para hacerlo. Cerró los ojos para disfrutar del masaje y me dijo lo agradable que era. Yo le contesté que merecía mimos tras la operación. Noté cómo su cuerpo entero se tensaba y entonces repuso con dureza: «*Nadie* merece que le traten así». Por lo visto, entregarse a un momento agradable suscitaba en ella sentimientos de vergüenza y demérito, y le violentaba. A lo mejor conectó con el anhelo de cariño que el masaje satisfacía y no fue capaz de reaccionar conscientemente nada más que con desdén.

Los sentimientos de demérito y vergüenza se incrementarán ante la imposible tarea de complacer a todo el mundo a todas horas. Aunque lógicamente sepas que este objetivo es imposible, eso no hace mella en el plano emocional, debido a lo intensa que es la motivación subyacente; antes bien, probablemente continúes aspirando a alcanzar este objetivo poco realista y no cumplido, generando sentimientos adicionales de vergüenza, culpa y demérito por no estar a la altura de tus expectativas para contigo mismo.

Rabia y resentimiento

Intentar constantemente cuidar de los demás produce rabia y resentimiento y, si no se remedia, estas emociones pueden desatarse y volverse aún más difíciles de afrontar. Una paciente llamada Mary es un ejemplo clásico de esta dinámica. Trabajaba a jornada completa, iba a clases nocturnas, satisfacía todos los deseos de su marido y se ocupaba de la casa sin ninguna ayuda. Con el tiempo, el estrés de estar constantemente intentando complacer a su marido y su jefe al tiempo que se ocupaba de sus otras responsabilidades empezó a pasarle factura físicamente.

Cuando empezamos a trabajar juntas, Mary me dijo que quería que su marido, Bill, ayudara más en casa, pero nunca le había pedido que echase una mano y rara vez exteriorizaba su rabia por la situación. Entretanto, cada vez estaba más agotada y desesperada por llegar a todo.

Mientras hablaba noté que se ruborizaba y su cuerpo se ponía rígido y tenso. También me habló de que en el trabajo tenía que hacerlo todo ella porque los demás no hacían su parte y reconoció que en ocasiones sentía una inquietud y una furia insoportables, pero no sabía por qué. En cierta ocasión se recluyó en la intimidad de su vestidor y se desgarró la camisa. Era una camisa recién estrenada y cara que le encantaba, y destrozarla fue la señal definitiva de que tenía que buscar ayuda. Lo que más la sacaba de quicio era no entender del todo el alcance de su rabia ni la causa de esta. Se consideraba irascible, pero no iracunda.

A medida que fue analizando su vida mediante el mindfulness se abrió a sus sentimientos de rabia contra Bill por aprovecharse de ella. Empezó a preguntarse por qué había reprimido sus emociones hasta explotar en su vestidor. Poco a poco, fue capaz de prestar una atención compasiva a su experiencia y de aliarse con las emociones contra las que llevaba tanto tiempo luchando. Con el tiempo, fue capaz de hacerse valer tanto en casa como en el trabajo, y pudo hacerlo con asertividad pero con compasión. Con esta actitud, su rabia contra los demás se redujo gradualmente.

Además de sentir rabia contra los demás, como sentía Mary, quizá sientas rabia contra ti mismo. Esto puede deberse a que accedes a demasiadas peticiones, a que haces lo indecible para quedar bien con los demás o a que aparcas tu sabiduría, opiniones y necesidades legítimas (Carter 2007). Es lógico que puedas sentir rabia contra ti mismo por no defender lo que piensas, sientes y necesitas.

Pero, como en el caso de Mary, tal vez reprimas tu rabia (y otras emociones) porque crees que tienes que ser simpático y agradable a todas horas a fin de complacer a los demás. Sin embargo, las emociones encontrarán una vía de escape. La rabia reprimida sigue ahí y se manifestará de diversas formas, desde las enfermedades físicas o la depresión, hasta la autocrítica feroz o una conducta pasivo-agresiva hacia los demás.

Aun cuando expreses abiertamente la rabia, es posible que lo hagas de una manera que, en realidad, no aborda el problema de cara ni lo resuelve. Entre los ejemplos que ilustran esta situación pueden incluirse la conducción agresiva, gritar a los hijos o enfadarse porque hay que hacer cola en el supermercado.

Depresión

Otra consecuencia compleja de la herida infantil y las emociones reprimidas, sobre todo la tristeza, es la depresión (Braiker 2001). Evidentemente, la tristeza es un ingrediente natural de la vida que puede aparecer debido a cualquier clase de pérdida, grande o pequeña. La depresión, que es más profunda y crónica, implica sentirse apático, estancado y dominado por sentimientos de infelicidad. La depresión puede proceder de diversas fuentes, incluyendo la pérdida y la pena, los malos tratos, la enfermedad, la genética y los principales acontecimientos de la vida, especialmente aquellos que son estresantes. Entre los síntomas de la depresión se incluyen las alteraciones del sueño, la pérdida de energía y curiosidad por la vida, los problemas de concentración, los cambios de peso significativos y tal vez las ideas suicidas. Hay quienes dicen que la diferencia entre la tristeza y la depresión es que en la tristeza uno se siente afligido pero vivo, mientras que en la depresión uno se siente pesado y sin energía vital.

Una causa de la sensación de apatía típica de la depresión es que los intentos por evitar las emociones difíciles generalmente también tienen como resultado el enfriamiento de las emociones agradables. He aquí un ejemplo: al igual que la mayoría de las personas, tienes el deseo de sentirte amado. Sin embargo, como sufres una búsqueda crónica de aprobación ajena, temes que no te quieran y tal vez te abandonen, lo que vuelve atemorizante toda relación. Ante este escenario, es posible que trates de evitar intimar en exceso en una relación por miedo a perder esa intimidad, perdiéndote la alegría de amar. Si intentas evitar las emociones difíciles, es imposible que experimentes plenamente las agradables.

Tiene su lógica que la búsqueda crónica de aprobación pueda conducir a la depresión, puesto que tienen diversos aspectos en común. Ambas pueden derivarse de la pérdida o los malos tratos. Ambas pueden estar alimentadas por el intento de desterrar las emociones dolorosas. Ambas medran con los pensamientos negativos, la recreación en acontecimientos pasados, la preocupación constante y la autocrítica.

Muchos aspectos de la búsqueda crónica de aprobación ajena, incluso culparse de todo lo que sale mal, creer que siempre has de ser el último y estar desconectado de tu sabiduría y necesidades legítimas, pueden conllevar sentimientos de demérito, apatía y de estar muerto por dentro. Además, si intentas escapar de los sentimientos depresivos o la búsqueda crónica de aprobación ajena, es probable que revivas otras situaciones difíciles y desagradables, y te veas aún más preso de la negatividad, lo que puede percibirse como una situación irremediable. Si este es tu caso, anímate, porque el mindfulness puede ayudarte a liberarte de los pensamientos negativos que avivan la depresión y la búsqueda crónica de aprobación ajena. Asimismo te permitirá aliarte con las emociones que llevas tanto tiempo intentando reprimir.

Emociones turbias

Como hemos visto en la historia de Mary, esta a veces se enfurecía sin entender por qué. Es un ejemplo de lo que las psicólogas Susan Orsillo y Lizabeth Roemer (2011) describen como emoción turbia, en el sentido de que no es clara ni comprensible. Las emociones turbias pueden parecer abrumadoras y confusas. No sabemos exactamente lo que sentimos; sencillamente estamos enfadados o estresados. Además, la experiencia de una emoción turbia puede resultar familiar y desproporcionada con respecto a la situación, lo que indica que se asocia con acontecimientos pasados. Por añadidura, nos implicamos tan profundamente en el sentimiento de indignación que este repercute en el resto de la jornada. Y encima a lo mejor acabamos luchando contra nuestras emociones, criticándonos por sentirnos como nos sentimos. ¿Te suena esto?

Según Orsillo y Roemer (2011), las emociones pueden enturbiarse por diversas razones, todas ellas aspectos de la búsqueda crónica de aprobación. Las emociones pueden parecer turbias cuando no estamos cuidando de nosotros mismos. Desde luego Mary no tenía ni el tiempo ni la intención de cuidarse, por lo que quizás esto explique en parte su confusión acerca de lo que verdaderamente sentía.

Otra causa de las emociones turbias es lo que Orsillo y Roemer (2011) denominan respuestas «sobrantes», la consecuencia de no prestar la debida atención a los acontecimientos pasados y las emociones asociadas. Esto también vale para Mary, quien nunca resolvió su rabia contra nadie, especialmente su marido, y en lugar de eso se desgarró la blusa.

Por otra parte, las experiencias dolorosas antiguas no resueltas, tales como los malos tratos o las críticas severas, pueden enturbiar las emociones. Estas emociones sepultadas pueden salir a la superficie en momentos que inconscientemente nos recuerdan acontecimientos pasados desagradables. Estos sentimientos son tremendamente intensos y como suelen estar fuera de nuestra conciencia plena, tendemos a reaccionar con una plétora de conductas que generan más problemas y prolongan el ciclo de búsqueda de aprobación ajena.

Reflexión:
Analizar los sentimientos que te llevan a buscar aprobación ajena

Relájate poco a poco con unos minutos de respiración mindfulness. Luego reflexiona sobre las emociones generalmente asociadas con la búsqueda de aprobación ajena, descritas más arriba. ¿Con cuáles de estos sentimientos te identificas? ¿Cuáles no te resultan familiares? Dedica un rato a escribir sobre esto en tu diario, asegurándote de que te dispensas una atención abierta, compasiva y no evaluativa mientras analizas estas emociones. Para concluir, haz una lista de los sentimientos que normalmente observas.

CONDUCTAS DE LA BÚSQUEDA CRÓNICA DE APROBACIÓN AJENA

Dado que solemos ir por la vida centrándonos en el pasado o el futuro, muchas de nuestras conductas en realidad son reacciones automáticas inconscientes a nuestros pensamientos, emociones y sensaciones físicas. Por otra parte, muchas conductas de búsqueda de aprobación ajena están teñidas o impregnadas de ansiedad, porque las convicciones asociadas a la búsqueda crónica de aprobación se basan en el miedo y el deseo desesperado de ser amado. Aunque las conductas individuales de búsqueda de aprobación ajena no son en sí muy preocupantes, cuando se convierten en un patrón pueden ocasionar un sufrimiento inmenso.

Al igual que con los pensamientos y los sentimientos, liberarse de los comportamientos reactivos requiere que tomes conciencia de ellos. Asimismo es crucial conectar con lo que verdaderamente te importa, para que puedas tomar decisiones sobre tus conductas con más habilidad. Los siguientes apartados describen algunas de las conductas típicas de la búsqueda crónica de aprobación ajena. En los capítulos 10 y 11, te ofreceré prácticas de mindfulness que pueden ayudarte a elegir tus conductas de forma más deliberada, con más compasión y menos reactividad.

Hacer lo que los demás quieren que hagas

Todos los pensamientos y sentimientos asociados a la búsqueda crónica de aprobación ajena confluyen en el comportamiento general de intentar satisfacer a los demás, aunque se haga a un coste muy elevado. Quizá te reinventes en un intento por hacer lo que los demás quieren o lo que crees que quieren. Muchos buscadores de aprobación curtidos han hecho cosas ilegales, contra su conciencia o impropias de su carácter, todo en un esfuerzo para conseguir que los demás los quisieran y aprobaran.

Cuando te doblegas para complacer a los demás, incluso a personas que no conoces bien, es posible que pierdas el contacto con tus propios límites físicos y emocionales, y que sencillamente te pases. Tu propio cuidado personal es probable que se resienta como resultado de una continua focalización externa combinada con tu propia exigencia desmedida.

Chris, la mujer que tuvo un momento de revelación mientras arrancaba las malas hierbas de su jardín, me contó que solo iba al cine a ver películas que le apetecían a su marido, aunque no le interesaran. Si bien esto puede parecer una nimiedad, era sintomático. Elegía amigas que creía que le caerían bien a Charles. Y sin siquiera hablarlo con él, renunció a su deseo profundo de tener un hijo y se dedicó a una profesión aburrida porque creía (aunque nunca lo confirmó) que esas decisiones se ajustaban a los deseos de Charles. Todo esto le dejó un sentimiento de rabia, demérito y desconexión de sí misma y su marido.

A medida que Chris continuó practicando el mindfulness ganó confianza en su sabiduría interior y se sintió más libre para hablar con Charles de sus deseos. Volvió a estudiar y eligió una profesión más gratificante. Conforme tanto Charles como ella se responsabilizaron más conscientemente de sus propias necesidades, Chris se dio cuenta de que esta forma de relacionarse en realidad le merecía más respeto a Charles que su anterior patrón de acceder a lo que suponía que él quería.

El mindfulness puede ayudarnos a cobrar conciencia de lo que motiva nuestras conductas cuando afloran. Por ejemplo, Chris quizá se diera cuenta de que decidía ir a ver una película elegida por Charles fruto del miedo y la ansiedad ante las consecuencias de no colaborar. Con el tiempo y más equilibrio en la relación, en otra ocasión quizá viera que tomaba una decisión similar fruto de un sentimiento de amor. El análisis de nuestras motivaciones y conductas puede ayudarnos a ganar libertad para decidir con sensatez.

Lanzarse a ayudar

Si das por sentado que hay que cuidar de la gente y que tú eres quien debe hacerlo, sin duda esto te hará entrar en acción, sobre todo si estás sumamente atento a cualquier indicio de que los demás puedan necesitar ayuda. Cuando esto ocurre inconscientemente es posible que no veas la situación con claridad y te lances a ayudar, aunque la otra persona ni lo quiera ni lo necesite. La gente suele querer ocuparse de sus propias cosas, en cuyo caso los esfuerzos por «ayudar» son percibidos como una intromisión. Estas conductas pueden tener consecuencias involuntarias y desagradables para ambas partes. Por ejemplo, que rechacen tu mano tendida puede resultar ofensivo, mientras que la otra persona puede que se sienta importunada y molesta.

El mindfulness puede ayudarnos a discernir cuándo y con quién las conductas cuidadoras son apropiadas. Como el mindfulness genera más conciencia plena, nos da más opciones conductuales. Por ejemplo, tal vez observes tu impulso de ayudar y decidas conscientemente preguntar si puedes ayudar antes de lanzarte a ello. También puedes simplemente cruzarte de brazos y no hacer nada. Con esto no estoy diciendo que la ayuda no solicitada sea siempre inapropiada. Bebés, niños y mayores con frecuencia necesitan una atención rápida, como la gente en situaciones de crisis.

El tiro por la culata

De los cinco a los dieciséis años jugué al golf principalmente para complacer a mi padre. Siempre fui menuda para mi edad y los deportes no me interesaban especialmente. Aun así, la motivación de complacer a mi padre era imperiosa, y a veces intentaba golpear la pelota con todas mis fuerzas en un intento por lograr un tiro largo y recto. Con eso en mente nunca golpeaba la pelota o la mandaba varios metros calle abajo. Pero cuando estaba relajada era capaz de hacer un tiro largo y recto para una niña de mi complexión.

Muchas conductas de búsqueda de aprobación ajena desembocan en el equivalente del tiro errado. Nos esforzamos tanto en complacer a los demás que nos sale el tiro por la culata. La combinación de focalización externa y desesperación por satisfacer las expectativas ajenas dificulta que nos concentremos en la tarea en cuestión, haciéndonos fracasar, de manera paradójica, en nuestro intento por obtener la aprobación de los demás.

Ser incapaz de decir «no»

¿Alguna vez has accedido a hacer algo que alguien te pedía y luego te has preguntado en qué demonios estabas pensando? Para muchas personas que complacen a los demás de forma crónica la palabra «no» es tabú, porque agita el fantasma del conflicto. Tal vez estés tan dispuesto a hacer lo que los demás quieren que decir «sí» es una respuesta inmediata y refleja. Puede suceder tan deprisa que ni siquiera te das cuenta de que no tienes el tiempo ni las ganas de cumplir con el compromiso. A la larga, es posible que acabes sintiéndote un mártir, resentido con la otra persona y enfadado contigo mismo por ceder de manera irreflexiva.

Ser crónicamente simpático

En tu intento de complacer a los demás tal vez te pongas una máscara alegre, en ocasiones forzando la sonrisa para evitar la posible desaprobación (Rapson y English 2006). Esta simpatía crónica enmascara tu vulnerabilidad y tu deseo de aceptación absoluta. Uno de mis alumnos de mindfulness, George, me contó que un terapeuta le pidió que hiciera un dibujo de sí mismo. El dibujo que hizo mostraba un rostro de sonrisa torcida rodeado de nubes negras. Me dijo que la cara sonriente era su manera de relacionarse con la gente, y que las nubes representaban su rabia y su resentimiento por tener que complacer constantemente a los demás.

Asumir la culpa

Otra conducta complaciente es disculparse por casi todo (Rapson y English 2006). Algunas veces asumes la culpa aun cuando no hayas cometido un error ni hecho nada malo. Por ejemplo, quizá le digas «perdón» a alguien que choca contigo o te disculpes por no anticiparte a las necesidades de una persona. Estas disculpas suelen nacer del miedo y son una súplica para que la otra persona no se enfade contigo. Evidentemente, es posible que la disculpa contenga una inquietud genuina, pero en la dinámica de la búsqueda de aprobación ajena suelen dominar el miedo y la súplica. Estas disculpas te permiten evitar tanto las reacciones ajenas como tu propio miedo al conflicto y el abandono.

Evitar el conflicto

La evasión del conflicto desempeña un importante papel en la búsqueda crónica de aprobación (Carter 2007). Esta estrategia de evitar situaciones que puedan suscitar sentimientos de rabia, agravio y abandono puede manifestarse de muy diversas formas. Puede que te muerdas la lengua cuando creas que te han herido, por miedo a las represalias de la otra persona. Tal vez te vayas de casa si tu pareja está enfadada por algo que has hecho. Quizá coincidas aparentemente con la opinión de alguien, aunque en realidad pienses lo contrario. Si bien evitar el conflicto puede parecer una buena idea —¡desde luego menos atemorizadora!—, a largo plazo puede tener consecuencias graves. Te impide afrontar y resolver los problemas interpersonales y, como resultado, estos tienden a enconarse y aumentar. De modo que aunque parezca que evitar el conflicto incrementará la armonía y la complicidad, de hecho levanta un muro que te separa de los demás en tu intento por aislar las fuentes potenciales de conflicto. Hablaré en detalle de la evasión del conflicto en el capítulo 11.

No seguir tu camino

Si te centras en los demás, es probable que pierdas la conexión con tu yo interior. Es posible que no sepas lo que quieres o, de saberlo, quizá no seas capaz de defenderlo. Pedir a los demás que esperen unos minutos antes de atenderlos puede que te resulte inconcebible. Es posible que esta forma de pensar te tiranice y que, en consecuencia, tiendas a corresponder a los demás en lugar de emprender actividades significativas para ti. En otras palabras: puede que evites actuar en beneficio propio o seas incapaz de visualizar y elegir tu propio camino en la vida.

Este era, sin duda, el caso de Chris. Era incapaz de hablar de la posibilidad de tener hijos con Charles y se resignó con dedicarse a una profesión que no le satisfacía. Afortunadamente, a Charles le gustaba la jardinería; de lo contrario, a lo mejor también habría prescindido de eso. Aun así, se esmeraba en hacerlo siguiendo las pautas de Charles, lo que en ocasiones le negaba las sensaciones de paz y la satisfacción que le producía la jardinería. Este patrón de conducta le privaba de muchas oportunidades para experimentar la alegría y el sentido de la vida.

Apartarse de los demás

La triste y pura verdad es que los pensamientos, emociones y conductas asociados a la búsqueda crónica de aprobación ajena, que inicialmente pretendían atraer amor y una sensación de conexión segura, suelen desembocar en lo contrario. Si eres veterano en esto de la búsqueda de aprobación ajena, quizás estés tan exhausto que evitas a la gente para que no te hagan esforzarte por complacerlos. Si has dado una y otra vez, obteniendo a cambio poco agradecimiento, es posible que evites a la gente por miedo a que vuelvan a hacerte daño.

Reflexión
Analizar tus conductas de búsqueda crónica de aprobación ajena

Relájate poco a poco con unos minutos de respiración mindfulness. Luego reflexiona sobre las conductas generalmente asociadas a la búsqueda de aprobación descritas más arriba. ¿Con cuáles de estas conductas te identificas? ¿Alguna de ellas te parece más predominante que las demás? ¿Cuáles no te resultan familiares? Dedica un rato a escribir sobre esto en tu diario, asegurándote de que te dispensas una atención abierta, compasiva y no evaluativa mientras analizas estas conductas. Para finalizar, haz una lista de tus conductas complacientes. No olvides escribir esta lista, porque la consultarás en próximos capítulos.

RESUMEN

La herida que nos separa de nuestra naturaleza amorosa interior suele suscitar determinados pensamientos, sentimientos y conductas asociados con el ciclo de búsqueda crónica de aprobación ajena. Aunque este ciclo pretende conseguir amor y aceptación, en realidad perpetúa la herida que lo originó, exacerbando los sentimientos de demérito y de que no merecemos amor.

Puede que leer este capítulo haya sido desalentador. Quizá cueste asimilar la idea de que la búsqueda crónica de aprobación repercute tantísimo en tu existencia. Por otra parte, tal vez te preguntes si es posible cambiar algo que parece tan omnipresente en tu vida. Son reacciones naturales. Por ahora, te pido que las retengas con delicadeza y el mínimo enjuiciamiento mientras lees el siguiente capítulo, que analiza cómo la búsqueda crónica de aprobación incide en las relaciones. Luego, del capítulo 5 al 12, aprenderás numerosas técnicas de mindfulness que te ayudarán a cambiar esta dinámica.

Para liberarte de viejos hábitos, necesitas adoptar un enfoque completamente nuevo. No puedes utilizar las herramientas y estrategias que te anclaron en el ciclo de búsqueda crónica de aprobación ajena para salir de él. No puedes pensar en abandonar los pensamientos y sentimientos automáticos. El mindfulness, con sus atributos de paciencia, compasión y conciencia plena del momento presente, ofrece un enfoque radicalmente distinto y un sendero para salir del mero modo reactivo e ir hacia el amor y la aceptación.

4

La búsqueda crónica de aprobación ajena y las relaciones

Hemos estado analizando de qué manera las tendencias a la búsqueda crónica de aprobación ajena te afectan a ti directamente, pero es evidente que afectan a otras personas y a tus relaciones. Por eso este capítulo analiza el efecto de las conductas de búsqueda de aprobación en la pareja y las relaciones. Dado que en las relaciones amorosas es donde más vulnerables somos, me centraré en ellas. Sin embargo, todas las demás relaciones se ven afectadas de manera similar, aunque normalmente con menos intensidad.

Conforme vayas leyendo, te pido que te adentres en el momento inspirando conscientemente de vez en cuando. Puede que este sea el primer paso para establecer una práctica que más adelante te ayudará a reconocer patrones relacionales y a hacer otras elecciones amorosas y conscientes que fomenten el equilibrio y la conexión en tus relaciones. Naturalmente, crear y mantener una relación es cosa de dos, así que te ruego que no asumas tú toda la responsabilidad de cualquier problema que puedas tener con tu pareja, aunque solo sea porque esto puede perpetuar el ciclo de búsqueda de aprobación ajena y a la larga dañar la relación.

LOS COMIENZOS

Kate y Jack se conocieron en la universidad e hicieron buenas migas desde el principio. Kate se centró enseguida en obtener la aprobación de Jack y en lo que podía hacer para que se enamorase de ella. Esto Jack no lo vio, pero sí que valoró lo agradable y simpática que era. Kate se avino a los deseos de Jack o lo que suponía que eran sus deseos, y nunca dejó que la viera de malhumor. Lo hizo sin darse cuenta; pasó sin más. Quería que la amaran, como todo el mundo, pero nunca se había sentido segura en una relación. Su deseo de estabilidad y amor era desesperado.

De hecho, luchar por una relación era un acto de valentía por parte de Kate. Decía que las citas la ponían nerviosa, porque no sabía lo que su pareja quería de ella. Durante su infancia, su padre se mostraba cariñoso en ocasiones, pero la agredía verbalmente si no hacía exactamente lo que él quería que hiciera. A raíz de esto, abrigó la convicción de que los demás sabían mejor que ella cómo tenía que conducirse y de que tenía que satisfacer sus expectativas para que la quisieran. Las relaciones la atemorizaban hasta que conocía realmente a la persona y lo que esta quería de ella.

Una manera ingeniosa de ceder al amor pese al miedo que a su vez produce es idealizar a la otra persona (Rapson y English 2006), y está claro que Kate hizo eso con Jack. Evidentemente, esta estrategia es defectuosa, porque nadie es perfecto y nunca podemos tener la garantía de que no nos decepcionarán ni abandonarán. Además, eso puede perpetuar las conductas de búsqueda de aprobación. Como Kate idealizaba a Jack, quería realmente complacerlo. Por desgracia, idealizar a Jack también era como ponerse una venda en los ojos. Kate estaba tan centrada en complacerlo que no sabía si en realidad le gustaba, si la trataba bien o si tenían valores parecidos.

Las personas con tendencias a complacer a los demás, por defecto, suelen elegir parejas que llevan la batuta, y este fue el caso de Jack. Siempre encontraba solución a todo y tenía muy claro dónde ir y qué hacer. Como Kate no se había fijado en cómo la trataba Jack y cómo él había mostrado su mejor cara al inicio de su relación, Kate acabó descubriendo que Jack tendía a ser muy controlador. Resultó que una de las cosas que atraían a Jack de Kate era su sumisión.

Cuando unas experiencias vitales tempranas y dolorosas han llevado a que en una relación una persona desarrolle una conducta sumisa y la otra controle, la combinación puede producir una situación abusiva. Si este es tu caso, te ruego que entiendas que el comportamiento abusivo no es aceptable bajo ningún concepto y que jamás debería tolerarse ni culparse de ello a la víctima. Nadie merece ser maltratado.

La búsqueda crónica de aprobación ajena puede conducir a otros escenarios al principio de una relación, incluida la ruptura repentina. Alguien propenso a buscar la aprobación ajena es capaz de meterse en casi cualquier relación para tratar de sentirse amado. Pero es posible que a la otra persona las conductas de búsqueda de aprobación ajena le parezcan irritantes, en el mejor de los casos, y deje la relación; lo que puede ser desagradable y exacerbar los sentimientos de demérito y desesperación.

CON EL PASO DEL TIEMPO

Si la relación sigue adelante, es probable que surjan otros tipos de problemas. Quizá las señales parezcan sutiles o puede que hagan mella en tu atención consciente. Dado que la búsqueda crónica de aprobación puede hacerte perder la conexión contigo mismo y tus propias necesidades, es comprensible que te centres en satisfacer a tu pareja y permanezcas ajeno a cualquier problema que esté surgiendo.

Conforme la relación prosigue y aumenta la intimidad es probable que te vuelvas cada vez más vulnerable al rechazo. El temor a perder a tu pareja quizá crezca y es posible que reacciones incrementando tus esfuerzos para asegurarte de que tu pareja sigue a tu lado y continúa queriéndote. Esto puede dar lugar a que te conviertas en perseguidor y el ser amado, en perseguido.

Las heridas del corazón que alimentan la búsqueda crónica de aprobación ajena pueden hacer que desconectes del cuerpo, que, como se ha mencionado con anterioridad, es el lugar donde realmente percibes las sensaciones del amor. Cuando esto se mezcla con pensamientos y sentimientos de que no mereces amor, puede que no veas el amor presente, lo que te deja insatisfecho y con la idea de que no es suficiente.

El acuerdo tácito

Si la relación dura, es probable que te desvivas por cuidar de tu ser querido. Al hacerlo, creas la expectativa tácita inconsciente de que lo serás todo para tu pareja, harás todo por ella y serás quien quiere que seas (Rapson y English 2006). Pero si pones toda tu energía en la relación, esto creará expectativas inconscientes e imposibles de que tu pareja te corresponderá. A cambio de tu sacrificio, pretendes que tu pareja te haga feliz, te dé amor incondicional y te garantice que jamás te abandonará.

Lamentablemente, la herida infantil descrita en el capítulo 2 hace imposible que ninguno de los dos pueda satisfacer estas expectativas. Como esta herida os desconecta a ambos de vuestra naturaleza amorosa interna e innata, impidiéndoos, por consiguiente, sentir que merecéis amor, ninguno puede manifestar amor incondicional. Cuando esto se mezcla con la expectativa de amor incondicional, no habrá cantidad de amor suficiente que satisfaga a ninguno de los dos. Estas expectativas son una pesada cruz para ambos y empiezan a minar la conexión y la intimidad que ambos deseáis. Asimismo es posible que generen una amarga decepción, rabia y resentimiento. La naturaleza sutil e inconsciente del pacto de pareja agrava el problema, haciendo improbable la resolución de las decepciones no habladas.

Desequilibrio

Cuando un miembro de la pareja está atrincherado en una conducta de búsqueda de aprobación ajena, el pacto inconsciente conlleva un desequilibrio precario. Es posible que tú te ocupes de todo y que tu pareja no haga gran cosa, si es que hace algo. Además, es probable que adoptes una posición de desventaja, renunciando a tus necesidades y opiniones, sin defenderte. Si no se aborda, este desequilibrio continuará creciendo con el tiempo.

Quizá tu pareja contribuya a este desequilibrio, sobre todo si tiene tendencias controladoras. Puede que tome decisiones unilaterales y se erija en figura de autoridad de la relación. Si te cuesta tomar tus propias decisiones, a lo mejor es un alivio dejar que alguien más lleve las riendas. Aunque también puede suscitar rabia y sentimientos de exclusión y falta de respeto. Si el desequilibrio continúa, es probable que ambos miembros de la pareja acaben sintiendo rabia y resentimiento.

Obviamente, decir «sí» a cualquier cosa que quiera tu pareja contribuye al desequilibrio. Tal vez no tuvieras ningún problema en hacerte cargo de todas las tareas del hogar al principio, pero te hayas cansado de ellas. Entretanto, quizá tu pareja haya llegado a dar por sentado que alguien se ocupa de las cosas, produciéndole una sensación de derecho adquirido. Entonces, cuando la casa no está limpia o falta guardar la compra del supermercado, es posible que tu pareja se enfade.

Todas las demás conductas típicas de búsqueda de aprobación tratadas en el capítulo 3 avivan el desequilibrio de la relación. Por ejemplo, decir «lo siento» por cosas que no son culpa tuya, tal vez hasta por el comportamiento abusivo de tu pareja, te coloca en una posición de desventaja. Quizá justifiques la conducta de tu pareja y concluyas que, si en cierto modo hubieras hecho mejor las cosas, no se habría enfadado. Naturalmente, en todos los problemas de relación las dos partes tienen algo que decir y, como se ha hecho hincapié más arriba, el comportamiento abusivo nunca es apropiado.

¿Te acuerdas de Mary, que trabajaba a jornada completa, iba a clases nocturnas y aun así procuraba complacer todas las necesidades de su marido? Durante nuestro trabajo conjunto, Mary tomó conciencia de la rabia que sentía tanto hacia su marido como hacia sí misma por el desequilibrio de su relación. Entrenamos la conciencia plena y la compasión hacia sus sentimientos de rabia y analizamos opciones para poder manejar las frustraciones de su matrimonio.

No mucho tiempo después tuvo la posibilidad de poner en práctica su nuevo enfoque. Al volver una noche tarde a casa tras su clase, se encontró a Bill tumbado en el sofá viendo la televisión y la casa hecha un desastre. Cuando fue plenamente consciente de la rabia que la atenazaba, se tomó un rato para centrarse, prestar atención a sus sentimientos y dedicarse a sí misma unas palabras compasivas para poder hablarle a Bill con compasión. Entonces, con lágrimas en los ojos y voz temerosa, le dijo a Bill que quería que asumiera algunas responsabilidades domésticas. Él se rió a carcajadas. Su risa parecía denotar su incredulidad por la osadía de la petición; reflejaba sin lugar a dudas la profundidad del desequilibrio que había entre ellos. Naturalmente, la historia no acabó ahí. Por suerte, con ayuda tanto del mindfulness como de la terapia de pareja, Mary y Bill fueron capaces de trabajar en equipo para encontrar un mayor equilibrio en su relación.

Evitar el conflicto

Tal como se menciona en el capítulo 3, evitar el conflicto es como levantar un muro entre tu pareja y tú. Aunque refleja el deseo de mantener el amor que siente tu pareja por ti, te niega la oportunidad de solucionar problemas que pueden dañar la relación.

Si no resuelves los conflictos de pareja, te quedan pocas opciones, aparte de tragarte el resentimiento y la rabia asociados, distanciándoos más aún el uno del otro. Asimismo, la represión de emociones es, como mucho, una solución a corto plazo. La rabia y el resentimiento es probable que a la larga afloren, a menudo por vías tortuosas y de manera pasivo-agresiva. Seguramente habrás experimentado lo que es ponerte desagradable de repente o destilar antipatía, para preguntarte luego por qué lo has hecho.

Además, evitar conflictos te priva de la intimidad acrecentada que puede tener lugar cuando tu pareja y tú habláis las cosas con ternura y encontráis una solución aceptable. La resolución de conflictos puede ser difícil, pero puede ayudaros a ambos a liberar la rabia y resentimiento, y volver a conectar. Para esto el mindfulness puede ser tremendamente beneficioso, permitiéndote advertir el impulso de evitar el conflicto y hallar, en cambio, formas afectuosas y hábiles de resolver los problemas con tus seres queridos.

Evitar la intimidad

La vulnerabilidad que provoca la búsqueda habitual de aprobación ajena dificulta enormemente mantener la cercanía con los demás. Dicho llanamente: da miedo abrirse a los demás cuando temes que te hagan daño. Además, la misma naturaleza de la búsqueda crónica de aprobación puede interferir a la hora de fomentar un vínculo estrecho con alguien.

Por ejemplo, la simpatía crónica dificulta que otros te vean como realmente eres. Tu pareja solo ve la cara «amable» de tu multifacética personalidad. Además, cuando sepultas tus ideas, sentimientos y opiniones, tu pareja no está al tanto de ellos, lo que imposibilita desarrollar una intimidad auténtica. Resumiendo: no ser real y comunicativo sobre tu persona y no estar presente impide que tu pareja te vea, te entienda y te valore de verdad.

Por otra parte, es posible que no veas a tu pareja tal cual es. Si la idealizas, te pierdes la riqueza de su humanidad. Además, si das por sentado que tienes que esforzarte para que te amen o que no mereces amor, tal vez te pierdas la oportunidad de sentirte amado cuando tu pareja así lo exprese. De igual modo, si supones que la crítica es inminente, quizá te pierdas lo que tu pareja intenta realmente decirte.

Entre los demás factores que constituyen un impedimento para la conexión íntima se incluyen el desequilibrio en la relación, la evasión del conflicto y culparse de todo. Todo esto puede hacerte replegar en ti mismo y conllevar rabia y resentimiento, lo que dificulta aún más la resolución del conflicto. Luego, si acabas acarreando viejas heridas durante demasiado tiempo, es posible que a la larga ni siquiera te apetezca estar cerca de tu pareja.

Práctica formal:
La respiración mindfulness y el cuerpo

Resérvate un mínimo de diez minutos para esta meditación. A medida que adquieras práctica puedes decidir practicar durante ratos cada vez más largos. Busca un lugar recogido en el que sentarte, donde no te molesten. Siéntate en un cojín o en una silla, en una postura que te permita sentirte anclado, cómodo, alerta y digno. Puedes cerrar los ojos o dejarlos abiertos, manteniendo la mirada suavemente en un punto fijo. (La grabación de audio de esta meditación está disponible en www.livingmindfully.org/htp.html, por si quieres usarla de guía.)

> *Empieza practicando la respiración mindfulness durante unos minutos, hasta que te notes un poco relajado.*
>
> *Lleva tu atención más allá de la respiración, para dar cabida al cuerpo entero... de la cabeza a los dedos de los pies... de lado a lado... de delante hacia atrás... percibiendo el cuerpo como un todo. Quizá focalices en los puntos que están en contacto con las superficies sobre las que descansan... Quizá percibas la piel o la ropa que te envuelven... Quizá sientas una energía dentro del cuerpo... Percibe qué sensación te produce la totalidad del cuerpo. Si quieres, lleva la respiración a la experiencia y respira con las sensaciones.*
>
> *Al focalizar en el cuerpo entero, es posible que tu atención se vea atraída por una sensación específica... Deja que tu atención vaya hacia esa sensación, notando si su esencia es agradable, neutra o desagradable... Deja, hasta donde puedas, que la sensación sea como es y haga lo que sea que vaya a hacer mientras tú la exploras suavemente sin intentar cambiarla ni corregirla... Desprendiéndote de cualquier intento de forzar nada. Si una sensación es difícil, respira con ella.*

Observa la siempre cambiante naturaleza de las sensaciones... Cómo cambian de intensidad y tono emocional..., cómo algunas desaparecen. Con naturalidad, cuando una sensación concreta desaparezca o se vaya de la mente, vuelve al cuerpo como todo.

Observa la divagación de la mente... Soltando toda culpa o juicio... La mente, sencillamente, divaga... Cuando adviertas que ocurre, vuelve al momento y al cuerpo. Quizá te apetezca ir etiquetando pensamientos: «preocupaciones», «fantasías», «planes», etcétera, antes de regresar a la respiración y al cuerpo.

Cuando acabes esta meditación, amplía tu conciencia para incluir pensamientos y sentimientos. A continuación abre suavemente los ojos, si están cerrados, y dirige tu atención a lo que oyes y ves, dándote cierto tiempo para volver a centrarte, lenta y gradualmente, en el libro o lo que sea que te espere ahora.

Reflexión:
Analizar de qué manera las conductas de búsqueda de aprobación ajena afectan a tus relaciones

Esta reflexión puede ser un reto, por lo que tal vez quieras realizar previamente la práctica de mindfulness para centrarte antes de empezar. Tómate unos minutos para reflexionar sobre lo que hasta ahora has leído de este capítulo. ¿Cómo te has sentido mientras leías este material? ¿Qué repercusiones de la búsqueda de aprobación en las relaciones te resultan familiares? ¿Cuáles te parece que no? ¿Se te ocurre alguna repercusión en tu relación que no se haya tratado aquí? Dedica un rato a escribir al respecto en tu diario, comprobando que te dispensas una atención abierta, compasiva y no evaluativa mientras analizas este tema. También puedes anotar cómo te sientes al escribir sobre ello.

LA EXPERIENCIA DE TU PAREJA

Puede dar la impresión de que salir con una persona complaciente es lo ideal. Sin embargo, aunque quizá tu pareja obtenga unos cuantos (o muchos) beneficios de tu deseo por complacerla y satisfacerla a toda costa, ser el receptor de este tipo de atención tiene sus desventajas. El resto de este capítulo está dedicado a un breve análisis de algunos de estos inconvenientes. A medida que leas te ruego que recuerdes que, tal como se ha hecho hincapié, en una relación los dos miembros son responsables de cualquier problema, por lo que te ruego que no aproveches las observaciones que siguen para reprocharte nada.

Sentirte atrapado

Volvamos a la historia de Mary y Bill. A Bill le gustaba que lo cuidaran y le encantaban las muchas formas que tenía Mary de demostrarle su amor, sobre todo al principio, por lo que inconscientemente colaboró en la creación de un patrón de dependencia de ella. Pero con el paso del tiempo, Bill empezó a sentirse en deuda con Mary por sus infinitos cuidados. Asimismo se sentía culpable si no valoraba totalmente sus esfuerzos o se enfadaba con ella por alguna razón.

En su libro *Anxious to Please* (2006), [Deseoso de complacer], James Rapson y Craig English llaman a esto la «jaula de oro», refiriéndose a que la persona vive con lujos pero carece de libertad. Parte del pacto tácito e insostenible entre Mary y Bill es que se suponía que ella iba a renunciar a todo por él y, a cambio, él tenía que prometerle su amor y su apoyo eternos. Pero Bill se sintió acorralado por la necesidad que tenía Mary de su amor y los cuidados que le prodigaba para garantizarlo. Esto le producía sentimientos de desprecio hacia ella por su necesidad, y de resentimiento y rabia cuando chocaba contra los barrotes de su jaula. Bill no entendía por qué sentía eso y a menudo intentaba reprimirlo, pero los sentimientos se filtraban en forma de desdén y un trato denigrante hacia Mary, pese al hecho de que la amaba.

Derecho adquirido

Cuando un miembro de la pareja se ocupa de todo, es posible que el otro acabe dando por hecho que eso es lo natural y que así funciona la relación. En el caso de Bill, sencillamente no se le pasó por la cabeza la posibilidad de recoger la casa, lavar los platos o poner una lavadora. Conforme Bill fue acostumbrándose a que Mary se ocupase de todo abrigó la sensación de que tenía derecho a que lo cuidaran y se volvió excesivamente exigente y rígido en sus expectativas, en ocasiones explotando o marchándose malhumorado cuando las cosas no iban como esperaba. Si bien no era consciente de ello, Bill se creía con el derecho adquirido a que lo cuidaran, en parte debido a lo que Mary esperaba inconscientemente de él: el amor perfecto. Pero como Mary era tan buena, a Bill su resentimiento le desconcertaba y le hacía sentirse culpable, produciéndole sentimientos de demérito y vergüenza.

Reprimir emociones

Bill consumió mucha energía viviendo en su jaula de oro. Gran parte de esa energía la destinó a un intento inconsciente por reprimir sus sentimientos de rabia, resentimiento, desdén y culpa. Con los años, estas emociones reprimidas se intensificaron y brotaron cada vez en más estallidos sin que él supiera exactamente el porqué. Al lidiar con sus sentimientos, Bill experimentó emociones confusas y turbias, igual que Mary.

El ciclo continúa

Dentro de la pareja, el comportamiento de uno se alimenta del comportamiento del otro. Cuando un miembro de la pareja tiende a buscar la aprobación ajena se establece una dinámica en la relación que probablemente mantenga el ciclo de búsqueda de aprobación y lo acentúe. Como se ha apuntado, las sensaciones de derecho adquirido y aprisionamiento de Bill nacían de una reacción inconsciente a la búsqueda de aprobación ajena de Mary. Cuando Bill reaccionaba con un resentimiento silencioso y era más exigente con Mary, ella se esforzaba aún más en ganar su aprobación, y, como eso no funcionaba, cada vez se sentía más como una persona sin valía y se convencía de que era incapaz de hacer lo suficiente. Este ciclo creó un desequilibrio creciente en su relación, dejando a Bill con una sensación mayor de encarcelamiento y resentimiento y llevando a Mary a esforzarse todavía más por ser simpática y hacer las cosas a la perfección. Dado que gran parte de esta dinámica ocurría sin que fueran plenamente conscientes de ello y ambos reprimían sus sentimientos, siguieron evitando el conflicto y la intimidad. El resultado fue una espiral descendente que los dejó a ambos con una sensación de insatisfacción en su relación. Conviene señalar que los dos influyeron en el ciclo de búsqueda crónica de aprobación ajena y lo perpetuaron.

Desafortunadamente, lo que empezó como un intento para garantizar el amor y un vínculo seguro hizo que los dos miembros de la pareja perdieran el contacto consigo mismos y con el otro, y se perdieran un tipo de conexión tan importante en la vida. Es algo inevitable cuando un miembro de la pareja, o los dos, no es consciente de los pensamientos, sentimientos y comportamientos reactivos que inciden en su relación. Por suerte, el mindfulness abre la puerta a la conciencia plena y la compasión que pueden liberar a ambos miembros de la pareja para que se impliquen en la relación con más autenticidad y conexión.

Reflexión:
Analizar de qué manera las conductas de búsqueda de aprobación ajena afectan a tu pareja

Relájate poco a poco con unos minutos de respiración mindfulness. Luego dedica varios minutos a reflexionar sobre lo que has leído en la segunda mitad de este capítulo. ¿Crees que tu pareja vive la relación de alguna de las formas anteriormente descritas? En tal caso, ¿cuál de esas repercusiones y reacciones le parecen más relevantes a tu pareja? De lo contrario, ¿sabrías identificar otras reacciones a tus conductas de búsqueda de aprobación ajena? Dedica un rato a escribir al respecto en tu diario, comprobando que te dispensas una atención abierta, compasiva y no evaluativa mientras analizas este tema. También puedes anotar cómo te sientes al escribir sobre ello.

RESUMEN

Si bien el objetivo de las conductas de búsqueda de aprobación ajena es fomentar el amor y la conexión, a largo plazo pueden incidir negativamente en los seres queridos y nuestras relaciones con ellos. Las relaciones se desequilibran, pero seguimos siendo incapaces de cambiar eso debido al fuerte impulso de evitar el conflicto. Afortunadamente, no estamos condenados a tener relaciones que carezcan de conexión auténtica. En los capítulos restantes, ofreceré numerosas prácticas de mindfulness que pueden ayudarte a analizar y cambiar tus relaciones, permitiéndote dar y recibir amor con alegría.

5

Volver al hogar: el cuerpo

El cuerpo humano es un milagro, pero la mayor parte del tiempo no somos conscientes de él ni de las sensaciones físicas que experimentamos en el momento presente, salvo tal vez cuando sufrimos molestias. Somos como Grant, del capítulo 1, que se perdía la gratificante experiencia sensorial de dar de comer a su hijo recién nacido, Will, así como la sensación de abrazarlo, el olor de su pelo y el aspecto de sus manos diminutas.

Gran parte de nuestro entumecimiento físico procede de la herida infantil y el deseo resultante de desconectar del dolor físico y emocional por no sentirse amado ni digno de serlo. Sin embargo, como tu cuerpo es tu hogar y el lugar donde sientes el amor, ser insensible al cuerpo te separa del amor que puedes tener realmente a tu alcance. Por consiguiente, conectar con el cuerpo es esencial para vivir en el momento presente y sanar. Cultivar una conciencia plena del cuerpo compasiva y en el momento presente puede contribuir a que lo habites más plenamente de modo que puedas sentir amor, vivir más alegremente y aprender de su sabiduría innata. En este capítulo aprenderás muchas prácticas de mindfulness que pueden ayudarte a encontrarte más a gusto en tu piel.

ACCEDER A LA SABIDURÍA DEL CUERPO

Experimentamos la vida y el amor a través del cuerpo, que nos proporciona tanto experiencias placenteras como dolorosas. Nos permite ver atardeceres espectaculares, escuchar música bonita, acariciar los pétalos aterciopelados de una flor, saborear ese primer sorbo de café, además de olerlo. Asimismo vemos, oímos y percibimos nuestro propio sufrimiento y el del mundo. La práctica del mindfulness empieza por reconocer el *input* sensorial, como en la práctica de comer con plenitud de conciencia del capítulo 1. Además, estar en contacto con tu cuerpo es indispensable si tienes que cuidarte. Después de ocuparte de los demás durante años hasta llegar a prescindir de tu propio bienestar, practicar el mindfulness del cuerpo será importante en tu proceso de sanación.

Tal como lo expresa el libro *The Mindful Way Through Depression* [Mindful para superar la depresión]: «Si somos capaces de conocer directamente las sensaciones y los sentimientos, aliándonos con el paisaje sensorial de nuestro propio cuerpo, tendremos una nueva y poderosa manera de experimentar y de relacionarnos más sabiamente con *cada* momento» (Williams et. al 2007, 98). El cuerpo tiene su sabiduría propia y dado que nuestros pensamientos, sentimientos y nuestro cuerpo están estrechamente interconectados, prestando atención al cuerpo podemos llegar a entender mejor los patrones de nuestros sentimientos y pensamientos. De hecho, ser conscientes del cuerpo a veces puede decirnos más de nuestras emociones que intentar analizar nuestra situación. Como el cuerpo almacena emociones, prestarle una atención bondadosa puede proporcionar entendimiento y contribuir a la apertura a nuestra intuición.

Digamos que te inquieta no saber cómo complacer a alguien. Tal vez se te tense el cuerpo, notes un nudo en el estómago y tus hombros se contraigan. Pero como estás en un estado reactivo y probablemente desligado de tu cuerpo, quizás ignores estas sensaciones o te esfuerces para ahuyentarlas. Al hacer esto, te pierdes la sabiduría de tu cuerpo y su mensaje de que de algún modo te cuides. Además, te pierdes la posibilidad de aprender y sanar a partir de las experiencias causantes del malestar, lo que te deja con asignaturas pendientes, acentuando la inquietud y el estrés crónico.

Puede que al principio cueste ser plenamente consciente de las sensaciones del cuerpo, especialmente si tiendes a ignorar tanto a este como tus emociones. Sin embargo, la práctica constante y moderada del mindfulness puede ayudarte gradualmente a conectar con la respiración y luego con el cuerpo.

Práctica informal:
Volver al hogar percibiendo sensaciones

Haz una pausa en cualquier momento y contacta de manera compasiva con las sensaciones de tu cuerpo. ¿Qué sensaciones percibes? ¿Notas cosquilleo, tensión, frialdad o calor? Simplemente percibe lo que está pasando sin intentar cambiar nada.

Cuando percibes sensaciones y dejas que estén presentes, reconoces y honras la sabiduría del cuerpo. Esto es lo que hizo Chris aquel día de primavera en el jardín, cuando notó la tensión corporal que la alertó no solo de la preocupación presente acerca de lo que pensaba Charles, sino también de cómo ese instante era sintomático de su vida. Con la práctica informal continuada, te volverás más sensible a los mensajes del cuerpo y más propenso a seguir su consejo.

Práctica formal:
Escáner corporal

El escáner corporal contribuye a fomentar la conciencia plena, la compasión y la no reactividad para con el cuerpo, lo que potenciará tu capacidad de abordar con más habilidad los problemas que genera la búsqueda crónica de aprobación ajena. La práctica implica llevar la conciencia plena del momento presente a las sensaciones del cuerpo, experimentándolas con espíritu de exploración y advirtiendo la tendencia a juzgar tu experiencia.

A medida que practiques seguramente notarás que sueles desear que el momento no sea como es. Cuando eso suceda, prueba a desprenderte de todo juicio y dejar que las cosas sean como son, sin intentar cambiar ni corregir nada, ni forzar nada en concreto, relajación incluida. Esforzarse demasiado para relajarse puede producir malestar mental y corporal. El propósito del escáner corporal es llevar la conciencia plena a tu experiencia. Date permiso para sentir lo que sea que estés sintiendo sin combatirlo.

Inevitablemente, la mente se distraerá de la respiración y el cuerpo. Es lo que hace la mente. Cuando notes que divaga, adviértelo suavemente, despréndete de cualquier juicio y vuelve a tu foco de atención. Te animo a que extiendas sobre tu persona y tu cuerpo paciencia, ausencia de evaluación y bondad siempre que realices esta práctica.

Destina entre quince y veinte minutos a esta práctica. Con el tiempo quizá quieras prolongarla hasta cuarenta y cinco minutos. Practiques el rato que practiques, prueba a recorrer el cuerpo lentamente mientras prestas atención a las sensaciones.

Busca un lugar para practicar en el que te sientas seguro y no te interrumpan. El escáner corporal suele realizarse tumbado boca arriba en un sitio que no se asocie con el sueño. Sin embargo, si padeces una afección dolorosa, puede que la cama sea el único sitio cómodo; en tal caso, te ruego que te eches ahí. Puedes ir probando qué superficie y posición es la más apropiada para cultivar un estado de alerta relajado.

Lee todas las instrucciones que siguen, luego practica el escáner corporal. (De esta meditación, hay grabaciones de audio de diversa duración disponibles en www.livingmindfully.org/htp.html, por si quieres usarlas de guía.)

Túmbate cómodamente y cierra con suavidad los ojos o, si prefieres dejarlos abiertos, posa la mirada suavemente en el techo. Cuando estés preparado, proponte, sin forzar, estar despierto y consciente... Percibe el cuerpo entero, tomando conciencia de que estás aquí... Siente tu cuerpo presionando la superficie sobre la que descansa..., respirando y percibiendo la totalidad de tu ser físico.

Ahora lleva la atención a tu respiración, a donde sea que la percibas más fácilmente: las fosas nasales, la parte posterior de la garganta, el pecho o el abdomen... Nota la respiración como si acabaras de descubrir que eres capaz de respirar. Quizá detectes que la mente divaga... Despréndete de toda culpa o juicio... y simplemente vuelve a la respiración.

Después de centrarte un rato en la respiración, imagínate que tu atención es como una linterna con la que puedes iluminar distintas partes del cuerpo... Ilumina con tu atención la pierna izquierda y los dedos del pie izquierdo..., recibiendo la sensación de los dedos con una conciencia plena bondadosa... Tal vez haya sensaciones de calor o frío, cosquilleo o entumecimiento... Si notas una ausencia de sensaciones, también está bien. El escáner corporal no consiste en sentir nada concreto, sino en abrirte a tu experiencia a medida que se produce, prestando atención a lo que está pasando y permitiendo que sea como es. Prueba a llevar la respiración al fondo de tu conciencia plena y a respirar con las sensaciones. Puede que al principio no sea fácil. Vívelo como un juego.

Cuando estés preparado, cobra conciencia plena del pie izquierdo…, experimentando las sensaciones conforme surjan, permanezcan o cambien de algún modo… Tal vez la sensación de un calcetín o un dolor en el pie… Percibiendo cualquier deseo de corregir o cambiar lo que no te gusta o retener lo que te gusta… Permitiendo que tu experiencia sea la que es… sin cambiarla en modo alguno… Respirando con las sensaciones. Cuando la atención se disperse, vuelve a cobrar conciencia plena del cuerpo.

Ahora ilumina con tu atención el tobillo y la pantorrilla izquierdos… Prestando atención bondadosa al dolor, el picor o la presión de la pierna en el punto que está en contacto con la superficie sobre la que descansas… Respira con las sensaciones y practica la conciencia plena de estas en el tobillo y la pantorrilla como has hecho con el pie y los dedos.

Sigue escaneando el cuerpo, subiendo de la misma forma hasta la rodilla y el muslo izquierdos. A continuación, desvía la atención a la pierna derecha, partiendo de los dedos del pie derecho, pasando igualmente por el pie, el tobillo y la pantorrilla, y la rodilla y el muslo. Luego dirige la atención a la zona pélvica, incluidos los genitales, huesos, órganos, nalgas y zona lumbar. Después, escanea las partes central y superior del tronco, incluido el abdomen, el pecho, la parte media y superior de la espalda, los hombros y las escápulas.

Luego ilumina con tu atención los dedos de la mano izquierda; acto seguido ve subiendo por la mano izquierda, la muñeca y el antebrazo, después el codo y luego la parte superior del brazo. A continuación, ilumina con tu atención los dedos de la mano derecha y observa las sensaciones, después asciende lentamente por el brazo derecho como has hecho con el izquierdo. Por último, dirige tu atención al cuello y la garganta, luego sube escaneando hasta la cara y la cabeza.

Ahora percibe tu cuerpo entero... de la cabeza a los pies... de un lado al otro... de delante hacia atrás... Abarcando la totalidad de tu cuerpo... Fluye con la respiración y respira con todo el cuerpo... Siente que la respiración se mueve por su interior... Que está contigo mismo en esta quietud... Siéntete como un todo... Consciente de que tienes todo lo que necesitas en este momento.

Cuando estés preparado, empieza a hacer pequeños movimientos como mover los dedos de manos y pies, prestando atención a las sensaciones de estos leves movimientos. Cuando consideres que estás preparado, presta atención a otro movimiento más amplio que puedas hacer... Tal vez un buen estiramiento o frotarte los ojos... Empieza a escuchar los sonidos que te rodean... Cuando abras los ojos (si estaban cerrados), presta atención y mira de verdad lo que sea que estés viendo... Date cierto tiempo para desplazar tu atención gradualmente al mundo exterior.

ESTRÉS

El cuerpo es increíblemente resistente y puede adaptarse a muchas circunstancias. Aunque no nos guste sentir estrés, estas sensaciones son la forma adaptativa que tiene el cuerpo de pedirnos que prestemos atención. Por desgracia, solemos ignorar o ahuyentar estas señales que evidencian que tenemos que cuidar de nosotros mismos, y eso puede acarrear problemas de salud.

El estrés surge cuando percibimos a una persona o una situación como una amenaza. Al igual que otros animales, cuando nos sentimos amenazados aparece la respuesta de lucha o huida y tiene lugar un aluvión de respuestas físicas. La adrenalina y el cortisol que se liberan aceleran el ritmo cardiaco, ralentizan la digestión, desvían el flujo sanguíneo a los grandes grupos musculares y aumentan la energía y la fuerza muscular. Si la amenaza desaparece, el cuerpo volverá con bastante rapidez a la normalidad.

Los humanos nos diferenciamos de otros animales en el hecho de que podemos provocar la reacción al estrés simplemente pensando en una amenaza. Con el tiempo, la percepción del peligro y los intentos de lidiar con él producen un estrés crónico, ya que nos planteamos hipótesis y las potenciales consecuencias nefastas, e intentamos pensar en la manera de huir de la amenaza.

Hans Selye (1956), pionero en la investigación del estrés, descubrió que tras un periodo de adaptación a una amenaza en el que el cuerpo se habitúa al estrés, este gradualmente se agota y se vuelve propenso a la enfermedad o los problemas de salud crónicos. El estrés puede poner en peligro tu sistema inmunitario y contribuir a la diabetes, la tensión muscular, los dolores de cabeza, las cardiopatías, los problemas de memoria, la presión arterial alta, los trastornos del sueño, la depresión y muchos otros problemas.

Práctica informal:
Sintonizar con las sensaciones de estrés

La próxima vez que te notes estresado, haz una pausa, inspira y observa las sensaciones asociadas al estrés. Observa cuál es la sensación predominante. Tal vez frunzas el ceño o se te tensen los hombros. Tal vez tu respiración sea superficial y rápida. Tal vez se te acelere el pulso. Luego, cuando experimentes esa sensación en el día a día, que te sirva de señal para inspirar, centrarte en el momento y sintonizar contigo mismo. Puede que te molesten las sensaciones de estrés y trates de ignorarlas o negarlas. En lugar de eso, prueba a aceptarlas como son sin juzgar. Únicamente dejar de combatir puede ayudarte a que te sientas menos estresado y las sensaciones que experimentes quizá te ayuden a saber cuál es la mejor manera de cuidarte.

Jesse, que procuraba compaginar un empleo absorbente con un matrimonio feliz y dos niños, utilizaba esta práctica en el despacho cuando estaba estresado. Notó que cuando se agobiaba tendía a tensar la mandíbula. Con el tiempo empezó a sorprenderse a sí mismo apretando la mandíbula antes incluso de tomar conciencia de que estaba estresado. Así pues, hacer simplemente una pausa para tomar conciencia de la sensación de tensar la mandíbula le ayudó a apagar el piloto automático y sintonizar con lo mucho que le afectaba su afán de perfección. Entonces podía aflojar un poco y respirar. De esta forma, Jesse encontró cierto alivio a su estrés y lo entendió mejor.

LA BÚSQUEDA CRÓNICA DE APROBACIÓN AJENA Y EL CUERPO

Dado que la búsqueda crónica de aprobación ajena tiene su base en un profundo anhelo de ser amado y el miedo a no serlo, es comprensible que conlleve estrés y haga mella en el cuerpo. Si has perdido la conexión con tu talento y tu belleza internos, puede que la vida te parezca un campo de pruebas para tu valía como ser humano. Además, el constante juicio interior inherente a la búsqueda crónica de aprobación consolida los pensamientos y sentimientos de demérito. Todo esto crea un estrés que se manifiesta en el cuerpo.

Sin embargo, como tu foco está puesto en los demás, quizá no te des cuenta de cómo este estrés incide en tu cuerpo. Por otra parte, puede que tiendas a negar o reprimir las emociones difíciles que se asocian con tus esfuerzos por complacer a la gente. Al igual que muchas de las estrategias asociadas a la búsqueda de aprobación, es probable que esto se vuelva en tu contra. Los sentimientos no analizados se almacenan en el cuerpo y, si intentas negarlos o reprimirlos durante mucho tiempo, serás como una olla a presión que está a punto de explotar. Por ejemplo, el resentimiento por «tener que» complacer siempre a los demás, ignorando tu persona, se incubará en el cuerpo creando una tensión que a la larga habrá que liberar.

Por otra parte, mantener la vigilancia que requiere anticiparse a las necesidades ajenas así como el impulso de complacer a los demás avivan la ansiedad y aumentan aún más el estrés. Y al igual que el estrés, la ansiedad castiga al cuerpo con numerosos síntomas físicos, entre los que se incluyen tensión muscular, taquicardia, presión arterial elevada, temblores, fatiga, agotamiento, sudores y problemas estomacales. Si centrarte en los demás te impide cuidarte y hacer ejercicio, comer adecuadamente e ir al médico cuando tengas que hacerlo, etcétera, es probable que tu salud se resienta.

El mindfulness puede servir de bálsamo para estos trastornos. Afrontar con conciencia plena bondadosa y evaluativa las sensaciones del cuerpo puede ayudarte a superar momentáneamente las situaciones de búsqueda de aprobación ajena y tomar un poco de distancia de ellas. Soltar cualquier resistencia a estas sensaciones permitirá que el cuerpo actúe como base firme cuando la mente dé vueltas. Esto puede ayudarte a decidir lo que importa en el momento. Aquí tienes unas cuantas prácticas informales que pueden ayudarte a sintonizar con el cuerpo y empezar a cuidarte.

Práctica informal:
Nombrar las sensaciones

Cuando te encuentres en un momento delicado de búsqueda de aprobación —tal vez siendo excesivamente simpático o diciendo «lo siento» cuando no es necesaria una disculpa—, haz una pausa y observa tu cuerpo. Nombra para ti mismo las sensaciones que percibes, por ejemplo, «cosquilleo», «tensión» o «dolor». Nombrar las sensaciones proporciona un espacio en el que puedes probar a soltar resistencias, tener más claro lo que está pasando y acceder a la sabiduría del cuerpo.

Práctica informal:
Percibir tu nivel de energía

Para las personas que buscan la aprobación ajena es normal abarcar más de lo que pueden gestionar. La próxima vez que te encuentres en esta situación, observa qué pasa en tu cuerpo. ¿Notas cambios en tu nivel energético? ¿La sensación de agobio lleva asociadas determinadas sensaciones físicas?

Práctica informal:
Tomarte tiempo para ti

Busca un rato para cuidarte durante el día. Tal vez hagas unos cuantos estiramientos suaves, salgas a dar un breve paseo o te sientes tranquilamente a disfrutar de una reparadora taza de té o café. Cuando te concedes este regalo de tiempo y mimos, ¿qué sensaciones están presentes?

Reflexión:
Analizar tus sensaciones relacionadas con la búsqueda crónica de aprobación ajena

Relájate poco a poco con unos minutos de respiración mindfulness. Luego piensa en un momento en que hayas sentido que los pensamientos, sentimientos o comportamientos de búsqueda de aprobación se apoderaban de ti. Tal vez hubo una época en que te preocupara la opinión que alguien tenía de ti, dijeras que sí sin quererlo o albergaras resentimiento por hacer tanto por los demás.

Evoca ese momento y date permiso para volver a experimentarlo, captando todos los detalles sensoriales que puedas. ¿Dónde estabas? ¿Qué tenías alrededor? ¿Había personas presentes? Después de evocar con viveza el incidente, observa qué sientes en el cuerpo. Puedes nombrar las sensaciones. Por ejemplo: «tensión», «calor» o «latidos fuertes». ¿Qué pasa cuando dejas que las sensaciones estén sencillamente presentes sin oponerte a ellas? ¿Qué te dice tu cuerpo? Trátate con bondad y compasión mientras percibes y exploras tus reacciones físicas. Dedica un rato a escribir sobre esto en tu diario.

Práctica formal:
Estiramientos plenamente conscientes

Los estiramientos plenamente conscientes pueden fomentar la conciencia plena y las actitudes de aceptación, delicadeza y compasión hacia tu cuerpo y tu vida. Ya sea que practiques yoga en una clase o en casa, o hagas estiramientos para estar en forma, puedes aportar estas cualidades a tus estiramientos, transformándolos en una meditación mindfulness. Tan solo una advertencia: si no estás seguro de que determinados estiramientos sean adecuados para ti, consulta con tu médico antes de hacerlos. (En www.livingmindfully.org/ntp.html, hay grabaciones de audio disponibles de prácticas de estiramientos plenamente conscientes de diversa duración, por si quieres usarlas a modo de guía.)

Cuando te estires, contempla tu cuerpo con mente de principiante. Muévete lenta y suavemente, y explora las sensaciones del cuerpo como si fuera la primera vez. Cuando la mente divague, que lo hará, vuelve con delicadeza a la percepción de sensaciones.

Cuando hagas estiramientos con conciencia plena, permanece receptivo a cualquier oportunidad de aprender (o reaprender) importantes lecciones vitales. Si un estiramiento es difícil, quizá notes que reaccionas con aversión. En ese caso, puedes aceptar deliberadamente las sensaciones de tensión como una invitación al reposo y a encontrar la relajación en el estiramiento. Tal vez descubras que respirar con las sensaciones te ayuda a soltar cualquier resistencia a ellas y dejar que estén presentes. La sabiduría del cuerpo te señalará sus límites, ayudándote a entender la diferencia entre sensaciones desagradables y dolor, y cómo cuidarte. Puede ayudarte a saber cuándo tienes que evitar un estiramiento, y cuándo tienes que evitar los intentos desaforados por complacer a los demás.

La sabiduría del cuerpo puede ayudarte a sanar en muchos sentidos. Cuando estiras zonas que tienen tensión crónica es posible que se liberen emociones sepultadas. No lo fuerces; limítate a percibir sensaciones en el cuerpo. Al sintonizar con tu experiencia, los estiramientos plenamente conscientes pueden ayudarte a aprender de dentro afuera que soltar y percibir con plenitud de conciencia los puntos que sientes atascados puede contribuir a que te sientas más libre, tanto físicamente como en el día a día.

Por ejemplo, si te duelen los brazos al estirarlos, puedes retarte suavemente a mantener la posición unos instantes más, percibiendo las sensaciones y el deseo de aliviar la molestia. Prueba a dejar que las sensaciones estén presentes sin esforzarte por cambiarlas, relájándote en la postura. Esto puede enseñarte que no tienes que reaccionar de inmediato a los impulsos y que a veces se van si dejas que estén presentes. Con el tiempo podrás trasladar estas lecciones a momentos complicados de búsqueda de aprobación, aplicando lo que hayas aprendido sobre la aversión, el desprendimiento y la pasividad ante los impulsos.

Práctica formal:
Meditar andando

Meditar andando traslada el mindfulness a la experiencia de andar. Normalmente, al caminar centramos la atención en llegar a alguna parte y no en las sensaciones del momento presente de andar; por el contrario, cuando meditamos andando no hay destino y ponemos la atención en las sensaciones de los pies y pantorrillas. Aunque puedes practicar la meditación andando en cualquier momento, quizá sea especialmente útil si sufres una gran ansiedad que te dificulta estar tranquilo para otros tipos de meditación.

Resérvate al menos diez minutos para esta práctica. Busca un sitio tranquilo y recogido, y que te permita recorrerlo de punta a punta. No necesitas mucho espacio. Lo justo para dar diez o veinte pasos. Recuerda que no vas a ninguna parte; solo estás caminando. Tantea libremente la extensión de tu recorrido. Puedes andar a cualquier velocidad, pero ir despacio te ayudará a percibir más las sensaciones que experimentes caminando. (Hay una grabación de audio de esta meditación disponible en www.livingmindfully.org/ntp.html, por si quieres usarla de guía.)

Empieza por percibir que estás donde estás. Conecta con tu respira-
ción y luego con las sensaciones que te producen los pies sobre el

suelo... Empieza a dar un paso con el pie izquierdo. Observa que desplazas el peso de los dos pies al pie derecho. Percibe las sensaciones del pie izquierdo al despegarse del suelo..., primero el talón, luego la punta del pie. Siente cómo se libera la presión al levantar el pie izquierdo entero. Siente el pie y la pierna izquierdos moviéndose hacia delante. Luego observa las sensaciones al volver a poner el pie izquierdo en el suelo.

Cobra conciencia plena del desplazamiento de peso del pie derecho al izquierdo..., las sensaciones del talón derecho al despegarse del suelo, luego la punta del pie y después el pie entero... Siente cómo el peso pasa gradualmente al pie izquierdo cuando el pie y la pierna derechos se mueven hacia delante para dar lentamente otro paso.

Cobra conciencia plena de las sensaciones de presión, balanceo de cada pie y pierna, tensión muscular, tacto, movimiento de la ropa, etcétera. Cuando la atención se aparte de las sensaciones de caminar, cosa que sucederá, entrena la paciencia y la bondad. Despréndete de todo juicio y vuelve una y otra vez a las sensaciones.

RESUMEN

Dado que el cuerpo es tu hogar y el lugar donde puedes sentir amor, parece lógico prestarle atención y tratarlo con compasión. El cuerpo reacciona a los pensamientos y emociones de búsqueda crónica de aprobación ajena estresándose. Cultivar una conciencia plena compasiva del momento presente mediante prácticas centradas en el cuerpo puede ayudarte a vivir en el cuerpo y a percibir de un modo distinto tus experiencias. Abriéndote a las sensaciones directas del cuerpo y dejando de combatirlas, puedes aprender de la sabiduría inherente a este, abrirte para sentir amor y vivir con más plenitud y alegría.

6

Mindfulness y pensamientos

¿Recuerdas a Grant, del capítulo 1, cuya angustia le privó del momento de dar de comer a su bebé? Su historia pone de manifiesto dos problemas principales surgidos del modo en que solemos relacionarnos con los pensamientos. En primer lugar, no estaba presente en sus pensamientos ni en la rapidez con que le afectaban. Su mente hizo naturalmente un viaje orientado al futuro que lo llevó a un doloroso escenario imaginario en el que su mujer lo abandonaba. En segundo lugar, mientras Grant se esmeraba en evitar sus terribles pensamientos y sentimientos, los juzgaba y se juzgaba a sí mismo, y acto seguido se ponía a llamar a su colega.

Este capítulo explora la naturaleza de la mente y cómo practicar la conciencia plena de los pensamientos puede ayudarnos a cambiar nuestra relación con ellos. Esto nos permite fomentar una perspectiva más independiente de nuestros pensamientos que ofrece una mayor liberación de su carga emocional. Mediante esta liberación adquirimos la capacidad de elegir respuestas hábiles y compasivas ante los acontecimientos en lugar de reaccionar simplemente a ellos. Si Grant hubiese practicado el mindfulness, habría tenido acceso a otras opciones para levantar el ánimo, calmar su angustia, disfrutar de su bebé y abordar su situación en vez de evitarla.

LOS PENSAMIENTOS NO NOS VUELVEN LOCOS

Todos combatimos nuestros pensamientos. Con beligerancia, procuramos controlarlos y controlar sus desagradables consecuencias, desviando nuestra atención de ellos, juzgándolos como buenos o malos, negándolos o intentando pensar en algo mejor. Tal vez te hayas sorprendido forzando pensamientos agradables a fin de poder ser simpático con los demás o tratando de librarte de la autocrítica por no complacer a alguien.

Lamentablemente, este esfuerzo no soluciona nada y, de hecho, hace que sea imposible cultivar una mente serena y tranquila. Combatir los pensamientos nos mantiene inmersos en las historias que nos contamos a nosotros mismos y los sentimientos y comportamientos dolorosos resultantes. Además, el esfuerzo para controlar la mente la altera más aún, por lo que todavía nos implicamos más en el drama.

Aquí tienes una analogía que puede que te sirva: supongamos que sorprendes a tu perro disfrutando de lo lindo mientras mordisquea con avidez tu zapato. Gritas espantado y agarras el zapato para arrancarlo de las fauces de tu «mejor amigo». Pero cuanta más fuerza haces, más tira tu perro. El calvario no tarda en convertirse en una batalla de voluntades, con ambos enfadados y cada vez más decididos a saliros con la vuestra. Además, quizá tu amigo te propine un mordisco. Analogías aparte, el quid de la cuestión es este: aquello a lo que te resistes persiste. A menudo dejar de pelear funciona, sea con tu perro o con tus pensamientos.

Puede que cueste entender y aceptar la idea de dejar de esforzarte para controlar la mente. Ahuyentar las experiencias difíciles va muy en contra de nuestros instintos naturales. Sin embargo, a través del proceso activo del mindfulness puedes aprender simplemente a observar tus pensamientos sin combatirlos y considerarlos como acontecimientos de la mente que no son tú. Este capítulo incluye varias prácticas meditativas que te ayudarán a familiarizarte con estos conceptos.

Ejercicio:
¡Basta ya!

Hagamos primero un ejercicio para analizar nuestra lucha por controlar la mente. Durante un par de minutos cierra los ojos e intenta impedir que te venga a la cabeza pensamiento o palabra alguno. Recuérdalo, no dejes que te vengan pensamientos a la mente. Céntrate los dos minutos en esto.

• • •

Bienvenido otra vez. ¿Qué ha pasado? La mayoría de las personas descubren que empiezan a aparecer pensamientos a los pocos segundos de intentar no pensar.

ADOPTAR UNA PERSPECTIVA INDEPENDIENTE

Una manera de experimentar los pensamientos como acontecimientos de la mente es prestarles la atención que prestarías a los sonidos. En general, los sonidos están fuera de nosotros. Simplemente van y vienen, y la mayoría de ellos no los causamos nosotros. Además, escuchándolos podemos adquirir un sentido espacial, ya que los sonidos son cercanos y lejanos. A nuestros pensamientos los tratamos de manera muy distinta. Nos afectan personalmente y nos creemos responsables de ellos. No dejamos que vengan y se vayan. Escuchar tus pensamientos como escuchas los sonidos puede contribuir a que te afecten menos, sientas menos apego y reacciones menos a ellos, y a que adoptes una perspectiva más amplia al respecto.

Extender una actitud bondadosa y compasiva a los pensamientos es un elemento clave para desarrollar esta sensación de amplitud y la capacidad de dejar que vayan y vengan. Por ejemplo, si detectas pensamientos de búsqueda de aprobación, puede que intentes sonreír y decir: «¡Vaya, otra vez por aquí!», casi como para dar la bienvenida a estos pensamientos con los que estás familiarizado. La bondad puede fomentar la independencia de lo que, de otro modo, sería una desagradable lucha.

Práctica formal:
Mindfulness de los sonidos y los pensamientos

Resérvate alrededor de veinte minutos para esta meditación sedente. Busca un lugar recogido para sentarte donde no te molesten. Siéntate en un cojín o una silla, en una postura que te permita sentirte anclado, cómodo, alerta y digno. Puedes cerrar los ojos o dejarlos abiertos y mantener la mirada suavemente en un punto fijo. (En www.livingmindfully.org/ntp.html, hay una grabación de audio de esta meditación, por si quieres usarla a modo de guía.)

Empieza practicando la respiración mindfulness, como se detalla en el capítulo 4, de cinco a diez minutos, hasta que estés relativamente relajado.

Aparta suavemente la atención de la respiración y el cuerpo y dirígela a los sonidos que te rodean, permitiendo que tu atención se abra a todos ellos. Durante unos cinco minutos, deja simplemente que los sonidos vengan en lugar de buscarlos... Tal vez haya sonidos cerca de ti o lejos. También puedes ser consciente del silencio entre sonidos.

Quizá notes que tienes pensamientos sobre los sonidos, por ejemplo para identificarlos o juzgarlos... Observa cómo sonidos y pensamientos son distintos unos de otros, cómo tu pensamiento respecto a un sonido no es el propio sonido... Prueba a dejar de pensar y observar los sonidos como si fuesen sensaciones..., percibiendo el tono, el volumen, el timbre, la cadencia, la duración, etcétera. Cuando la mente se disperse, repara en ello y vuelve a percibir sonidos.

Desvía gradualmente la atención a los pensamientos que vienen y van..., percibiéndolos como percibes los sonidos... Piensa en los sonidos como el input *de los oídos y en los pensamientos como el* input *del cerebro..., dejando de reprimir o negar pensamientos... Dejando de aferrarte a los pensamientos o de avivarlos. No es necesario juzgarlos... No hay pensamientos malos ni buenos... Deja que los pensamientos surjan, permanezcan y desaparezcan.*

Observa cuándo tu atención se dispersa, que lo hará. Cuando esto suceda, vuelve simplemente a percibir los pensamientos. Si en algún momento tu foco de atención te parece demasiado amplio, siempre estás a tiempo de dirigirlo a la respiración. Puedes dedicar cinco minutos a esta parte de la práctica.

Cuando acabes esta meditación, abre suavemente los ojos si están cerrados y dirige la atención a lo que ves a tu alrededor. Date un tiempo para retomar lenta y suavemente la lectura o lo que sea que te espere ahora.

Práctica informal:
Observar tus pensamientos

Haz una pausa en cualquier momento, realiza varias inspiraciones y repara en tus pensamientos como has hecho durante la meditación anterior («Mindfulness de los sonidos y los pensamientos»), observándolos como acontecimientos pasajeros de la mente-acontecimientos de los que no eres responsable. Esta observación de los pensamientos te concede una pausa entre el estímulo y tu reacción, ayudándote a encontrar más sosiego y a liberarte un poco de la preocupación y la reactividad. Recuérdate que no tienes por qué creerte tus pensamientos y que estos no son tú. Entrena la paciencia y la bondad con todo lo que observes.

Una estudiante de mindfulness llamada Camille describió cómo la práctica informal de observar sus pensamientos le ayudó a hacer una presentación. En un momento dado de la exposición se dio cuenta de que le preocupaba lo que su jefe estuviera pensando de ella. Empezó a perder la concentración, lo que dificultó su capacidad de hablar con claridad. Gracias al mindfulness, inspiró y puso orden en sus pensamientos. Eso le ayudó a recuperar rápidamente la concentración y volver a hablar con claridad y soltura.

Esta clase de resultados no se obtienen siempre y forzarlos puede dar más problemas todavía. De modo que la práctica consiste simplemente en observar y aceptar. Recuerda que el mindfulness no es una práctica de perfeccionamiento, sino una práctica que nos ayuda gradualmente a liberarnos de nuestros pensamientos habituales, incluyendo la preocupación por complacer a los demás.

LA NATURALEZA DE LA MENTE

Entender la naturaleza de la mente puede fomentar tu capacidad para dejar de juzgar y de combatir tus pensamientos. Al decir de algunos, la mente suele tener una mente propia. Entender esto puede ayudarte a ver los pensamientos como acontecimientos pasajeros de la mente sin que te impliques en su drama.

Mente de mono

Cuando Chris empezó a meditar, se fijó en muchas cosas de sus pensamientos. Descubrió que la mayoría de las veces no era consciente de ellos, como aquel día en el jardín, cuando se dio cuenta de que su mente había caído en la autocrítica y estaba imaginándose la desaprobación de su marido. Y, por otra parte, le sorprendió la enorme cantidad y variedad de pensamientos, incluida la preocupación por lo que los demás pensaran de ella y lo que tenía que hacer para obtener su aprobación.

Acabó por comprender la metáfora que compara la mente con un mono que salta de rama en rama y de árbol en árbol. De un modo similar, su mente saltaba de una rama a la siguiente, de un pensamiento a otro, y más pronto que tarde a un árbol, o razonamiento, totalmente distinto. Cuando no sintonizaba con sus pensamientos su mente de mono continuaba brincando hasta que perdía el hilo y de repente no sabía cómo esta había llegado allí. ¿Sabes tú dónde está ahora mismo tu mente de mono?

Todos nos abstraemos y nos concentramos en lo que nos preocupa, pero no ser consciente de la mente de mono que salta de rama en rama y de árbol en árbol puede causar problemas. La mente de mono de Chris saltó del precioso día que hacía y la actividad que la ocupaba a su marido y la supuesta crítica a su persona. En consecuencia, no solo se perdió el día precioso, sino que también experimentó una sensación de inadecuación y ansiedad al compararse con los valores que le atribuía a su marido. También sentía resentimiento hacia Charles por presuntamente juzgarla. Con la práctica del mindfulness le fue más fácil reconocer lo que le preocupaba, soltarlo y disfrutar del momento.

Los beneficios de estar presente

Los problemas que se derivan de una mente que divaga se ponen de manifiesto en un estudio de la Universidad de Harvard de 2010, que señala que, vaya donde vaya, la mente divagadora fomenta la infelicidad (Killingsworth y Gilbert 2010). La investigación, que examinaba a 2.250 sujetos y 250.000 puntos de datos, demostró que la mente de la gente divaga cerca del 50 por ciento del tiempo durante sus horas de vigilia. Los resultados también demostraban que cuando más feliz sesentía la gente era al concentrarse en lo que sea que estuviese sucediendo en el momento, más feliz incluso que cuando la mente había divagado hacia algo divertido.

Estos resultados del estudio quizá sean indicativos de la evolución del cerebro humano a lo largo de milenios. Desarrollamos cerebros grandes para aventajar a los depredadores letales y desafiar las condiciones medioambientales. Garantizamos la supervivencia y el éxito de nuestra especie aprendiendo a cazar, recolectar y cultivar los alimentos. La mente se desarrolló con exquisitez, generando en masa análisis del pasado, planes de futuro, soluciones creativas e inventos que acabaron desembocando en prodigios tecnológicos como los ordenadores e Internet.

No hay duda de que, en general, la mente es sumamente útil. Pero, debido a que se desarrolló como una herramienta de supervivencia, casi nunca deja de buscar problemas. La mente está siempre evaluando, analizando y preocupándose. Por ejemplo, analizamos constantemente lo que los demás piensan y esperan de nosotros, cómo deberíamos reaccionar y qué pasará si no accedemos a ello.

Además, nuestro pensamiento implica una evaluación casi constante de nuestra experiencia y de cómo nos va. Evaluamos las experiencias desagradables y dolorosas a fin de poder evitarlas; y procuramos sacar el máximo partido de las experiencias agradables. Generalmente creemos que pensar resolverá las cosas, pero la mente no sabe cuándo parar. Esta evaluación y juicio constantes pueden dificultar que nos sintamos satisfechos con la vida tal cual es, y además nos retiene en el modo de búsqueda crónica de aprobación ajena.

La solución es pan comido: el mindfulness es el antídoto contra la mente de mono. La mera presencia de la mente fomentada a través del mindfulness puede proporcionar una satisfacción mayor ayudándonos a detectar hacia dónde van nuestros pensamientos y a adoptar una perspectiva menos reactiva de estos.

La mente piensa por sí sola

Cuando practiques el mindfulness puede que te des cuenta de que la mente piensa *por sí sola*. Ni siquiera tienes que intentar pensar; los pensamientos surgen y pueden ser bastante poderosos. Por ejemplo, pongamos por caso que tu amiga tiene el ceño fruncido y te habla en un tono seco y cortante. Sin que decidas conscientemente pensar en ello, la mente va y dice: «¡Vaya! ¿Qué habré hecho para que se enfade?» Tal vez a esto le siga un: «Algo habré hecho mal». El siguiente pensamiento quizá sea: «¿Lo ves? Es que no doy una. Soy un desastre».

Sin que te des cuenta, tu mente va tejiendo un drama de críticas y autoenjuiciamientos. A medida que este drama evoluciona, reaccionas a él y te invade un torrente de emociones y conductas. Quizás experimentes ansiedad, vergüenza y confusión por lo que puedas haber hecho que haya herido a tu amiga. Mediante el mindfulness puedes reconocer tus pensamientos con compasión y liberarte un poco de su potencial dramatismo.

Saber que todas las mentes generan pensamientos sin permiso de sus dueños tal vez contribuya también a que te tomes menos en serio los tuyos. Ya en las primeras clases de mindfulness a muchos participantes les alivia descubrir que las mentes de todos los demás también han divagado durante la meditación.

Por último, ten presente que como los pensamientos aparecen sin que tú lo ordenes, no es culpa tuya que así suceda. Saber esto puede contribuir a que te sientas más desligado de ellos y, por tanto, seas menos reactivo a su contenido. Además, cuanto menos te culpes por tus pensamientos más dispuesto podrás estar a examinarlos. Reconocer la ausencia de culpa por tus pensamientos puede ayudarte a ser menos reactivo en los momentos de búsqueda de aprobación ajena.

Práctica informal:
Anclarte cuando los pensamientos te abrumen

Cuando los pensamientos te abrumen, date la oportunidad de recobrar la serenidad anclando tu conciencia plena en las experiencias sensoriales. Concretamente, observa tu experiencia física momento a momento. Por ejemplo, si estás tomando un sorbo de agua, observa cómo se mueven los músculos de tus brazos cuando levantas el vaso, la sensación de este al tacto, la temperatura del vaso en contacto con tus labios, la textura del agua en tu boca, y las sensaciones de tragar y del agua al descender por tu esófago. Observa cómo te sientes después. Tal vez estés más anclado y seas capaz de acceder a una perspectiva más independiente.

Recuerdo con nitidez estar practicando yoga pocas horas antes de conceder una entrevista sobre mindfulness en televisión. Mientras practicaba una postura mi atención se centró en el desarrollo de la entrevista y si a los demás les gustaría. Trasladé mi atención, una y otra vez, al momento presente, la respiración, las sensaciones en la parte posterior de mis piernas, mis dedos tocando el suelo y la sensación de mi cuello relajado. Esto me permitió sentirme serena, centrada y mejor preparada para la charla.

Los pensamientos no son la realidad

Saber que tus pensamientos no son la realidad es otra forma de quitarles un poco de intensidad. Por ejemplo, en este momento, aquí sentada, puedo ponerme a pensar en mi coche blanco que está en el garaje. El pensamiento de mi coche blanco no es mi coche blanco. Es bastante fácil entender que mi coche y el pensamiento de mi coche no son la misma cosa. Que el pensamiento no es la realidad. Puede resultar más difícil con pensamientos menos tangibles, como las ideas respecto a tu valía. Sin embargo, tu pensamiento de que no mereces amor no es más real que el pensamiento sobre mi coche blanco.

Gracias a la práctica del mindfulness Chris entendió que sus pensamientos sobre su valía no eran ella, eran meros acontecimientos mentales que se producían por sí solos. Cobrar conciencia plena de esto le ayudó a respirar con más alivio ante los pensamientos complejos y a darles la bienvenida cuando surgían.

Las cosas no son lo que parecen

A veces estamos totalmente convencidos de que las cosas son de una determinada manera cuando en realidad no son así en absoluto. Hacemos interpretaciones basadas en un discurso que se desarrolla en la mente, que actúa en la trastienda y nos informa sobre cómo nos sentimos y lo que hacemos, como el sistema operativo de un ordenador. Estas interpretaciones se ven influenciadas por nuestros sentimientos y estados de ánimo. Digamos que te despiertas tarde, te dejas la comida en la encimera de la cocina y maldices el tráfico camino de la oficina. En el despacho recibes un mensaje de voz de tu socio pidiéndote en un tono exasperado que le llames. ¿Qué pensarías y sentirías?

Ahora imagínate que te despertaras puntualmente y llegaras al despacho con la comida, después de sortear el tráfico sin problemas. Oyes un mensaje de tu amado, que te pide con voz exasperada que le llames. Ante este escenario, ¿qué pensarías y sentirías?

Como le pasaría a casi todo el mundo, tus interpretaciones y predicciones del mensaje variarían en función de tu estado de ánimo y tus emociones. En un día complicado quizá pienses que tu amado está enfadado contigo y te preocupe qué ha pasado. Puede que pienses: «¡Vaya! ¿Qué habré hecho esta vez?» En un día tranquilo, puede que pienses: «¡Uf! Parece disgustado. Espero que esté bien». ¿Qué interpretación es la verdadera?

El mindfulness puede ayudarnos a estar presentes, respirar y detectar nuestro estado de ánimo, interpretaciones y suposiciones. Cuando reconocemos conscientemente estos pensamientos y estados de ánimo, tenemos más oportunidades de no ir por la senda de la preocupación y el temor; en lugar de eso, podemos recordarnos que tenemos que soltar lastre, dejar que sea y ver qué pasa.

No tienes que creerte todo lo que piensas

Generalmente no somos conscientes de nuestras suposiciones y somos, por tanto, incapaces de cuestionarlas o de cuestionar el hecho de que creemos que son correctas. Reaccionamos sencillamente como si fuesen ciertas. Algunas de las suposiciones del ciclo de búsqueda crónica de aprobación son que debemos complacer siempre a los demás, que no merecemos amor y que tenemos que ser perfectos. Aunque no son reales ni ciertas, nos gobiernan cuando no les prestamos atención.

En una clase de mindfulness, Sophia, una estudiante de posgrado en geología de veintisiete años, nos relató un acontecimiento inquietante. Su vecina, Alicia, le había telefoneado pidiéndole ayuda para cierta cosa. Sophia no estaba en casa, por lo que Alicia le dejó un mensaje. A Sophia le violentó y le dio apuro recibir el mensaje cuando ya era tarde para reaccionar. Empezó a darle vueltas a la cabeza: «¿Qué pensará de mí? Creerá que he intentado desentenderme de su petición. No querrá saber nada más de mí».

Durante varios días Sophia rehuyó a Alicia, procurando evitar el posible enfado y decepción de su amiga. Sophia valoraba sus agradables conversaciones con Alicia y no quería que esta acabara con la amistad. Entonces, casualmente, Sophia se tropezó con Alicia en el supermercado y le sorprendió que esta no solo no estuviese enfadada con ella, sino realmente encantada de verla. Como prueba de ello, Alicia incluso le invitó a salir con ella y otras amigas suyas. Fue un momento revelador para Sophia. Las cosas no eran como ella pensaba; de hecho, eran todo lo contrario.

Este giro de los acontecimientos hizo que Sophia empezase a cuestionarse sus suposiciones. Reflexionó con cierta tristeza: «Creía que tenía que ganarme la amistad de Alicia. Eso viene a ser lo mismo que me pasaba con mis padres, que creía que tenía que ganarme su amor. ¿Y si llevo todo este tiempo equivocada? ¿Y si resulta que a la gente le gusto como soy? ¿Y si resulta que he estado rodeada de amor durante años y no he sido capaz de verlo?»

Al trabajar juntas, Sophia empezó a reconocer y dejar de combatir su percepción de que tenía que ganarse el amor, y tomó conciencia de la interacción entre sus pensamientos y sus sentimientos. Además, empezó a observar que su mente tenía una mente propia y que sus pensamientos no eran hechos. Sophia vivió con paciencia y perseverancia este proceso de toma de conciencia, que gradualmente le ayudó a ser bondadosa y no juzgar los pensamientos autocríticos y temerosos, y a verlos como meros acontecimientos de la mente.

Los pensamientos son pasajeros

Otra forma de relacionarse con los pensamientos es verlos como los objetos pasajeros de la mente que son. Durante la meditación, prueba a observar cómo los pensamientos vienen y van. Deja que fluyan en la mente sin intentar controlarlos. Puede ser útil imaginarse la mente tan espaciosa como el vasto cielo azul y los pensamientos como nubes que simplemente van pasando.

Como es lógico, hay nubes de toda índole. Al contemplar tus pensamientos durante la meditación, verás que algunos son como jirones que flotan en el cielo de la mente sin nublarlo durante mucho rato. Pensamientos como «¡Qué día más bonito!» o «¿Qué voy a comer hoy?» vienen y van fácilmente. Otros pensamientos son como nubarrones oscuros que proyectan una sombra durante lo que se antoja una eternidad. Algunos pensamientos complacientes desde luego pueden ser amenazantes como nubarrones. Por ejemplo: «Soy un auténtico desastre» o «No sé complacerlo», o «¿Por qué le habré dicho eso? Pensará que soy lo peor».

Sin embargo, al igual que todas las nubes, todos los pensamientos vienen y van. El mindfulness puede contribuir al cultivo de las cualidades de desapego y paciencia, permitiéndote observar los pensamientos, ligeros o espesos, mientras pasan por la mente.

TRABAJAR CON PENSAMIENTOS DE BÚSQUEDA CRÓNICA DE APROBACIÓN

Dado que los pensamientos de búsqueda crónica de aprobación los alimenta el miedo, consumen un montón de energía y tiempo, y puede que sea difícil verlos como acontecimientos mentales pasajeros. Prueba a recordar lo que llevas leído de este capítulo. Ten presente que el proceso de percibir y aceptar se refinará a medida que continúes practicando. Esto puede ayudarte a practicar una y otra vez, confiando en que esta práctica, que es sencilla pero no fácil, puede conducir a la libertad.

Ejercicio:
Etiqueta tus pensamientos

Echa un vistazo a tu lista de pensamientos de búsqueda crónica de aprobación del capítulo 3 y añade cualquier otro que te haya venido a la cabeza desde que la has hecho. A continuación, repasa tu lista e identifica tus patrones de pensamiento recurrentes. Luego piensa en un nombre o etiqueta para cada patrón de pensamientos. Por ejemplo, pensamientos como «¡Si seré idiota!» o «Todo es por mi culpa» podrían llamarse «pensamientos de culpa». Pensamientos como «¿Qué puedo hacer para caerle bien?» o «Tengo que decirle que sí», podrían llamarse «pensamientos de búsqueda de aprobación». Usa estos nombres cuando experimentes con las siguientes prácticas informales, que pueden ayudar en el proceso de observar y soltar.

Práctica informal:
Etiquetar pensamientos en el momento

Cuando aparezca un pensamiento de tu lista, reconócelo y etiquétalo. Esto te ayudará a distanciarte un poco de él, apartarte del dramatismo y restarle parte de su poder sobre ti. A la larga podrás sonreír cuando surja y decir un «¡Vaya! ¡Tú por aquí!»

Práctica informal:
Percatarte de tu focalización en la búsqueda de aprobación

Ven al momento presente y date cuenta de si estás concentrado o simplemente pensando en alguien más. Mediante la conciencia plena bondadosa quizá te percates de que la esencia de cualquiera de estos pensamientos es la búsqueda de aprobación. Observa tus pensamientos. ¿Estás preguntándote si a fulanito le gustaría lo que estás haciendo en este momento o qué opinará menganito de ti? ¿Estás intentando encontrar la manera de complacer a alguien o dando por sentado que los demás te critican por lo bajo? Sin oponerte a estos pensamientos, prueba a reajustar tu experiencia interna y preguntarte: «¿Qué requiere mi atención ahora mismo?» Esto puede ayudarte a tomar las riendas del hábito de complacer a todo el mundo, excluyéndote a ti mismo. De esta forma, puedes reprogramar tus pensamientos para que sean más equilibrados y respetuosos con tus necesidades y lo que te importa. Esta práctica ha sido un importante maestro para mí. Espero que te sirva.

EN EL FONDO DE TODO

Volvamos con Sophia, a quien le sorprendió descubrir que su amiga Alicia la quería, pese a no haber podido ofrecerle la ayuda que esta le había pedido. Sophia continuó practicando el mindfulness y cobró conciencia de los sentimientos de demérito y miedo que acechaban bajo la superficie de su conciencia y alimentaban los pensamientos de búsqueda crónica de aprobación, tales como: «Me pregunto qué opina de mí», «Me odio a mí misma» y «No encajo». «¿Qué debo hacer?» Este tipo de pensamientos son la punta del iceberg que puede alertarte de la enorme masa sumergida que hay debajo: sentimientos dolorosos (Williams et al. 2007).

Al sintonizar con sus pensamientos Sophia empezó a implicarse en una parte esencial del proceso sanador: abriéndose a los sentimientos que subyacían a esos pensamientos, emociones que estaban relacionadas con asignaturas pendientes y antiguos recuerdos de sus padres, que le retiraban sus muestras de amor y la acribillaban a críticas cuando cometía errores. Dada la naturaleza dolorosa de estas emociones, Sophia descubrió que durante la meditación con frecuencia quería forzar a su atención a volver a la respiración e ignorar sus sentimientos. Sin embargo, se sentía más ligera y más viva cuando se aliaba con sus emociones recurriendo a algunas de las prácticas que aprenderás en el capítulo 8.

RESUMEN

Este capítulo ha analizado cómo tendemos a relacionarnos con nuestros pensamientos, y cómo combatirlos y juzgarlos acarrea problemas. Asimismo analiza de qué manera la conciencia plena puede ayudarnos a abandonar esta batalla y relacionarnos con los pensamientos como acontecimientos de la mente. Mediante la práctica continuada de la meditación formal del mindfulness y el mindfulness informal en la vida cotidiana, puedes desarrollar una conciencia menos crítica y más amplia de tus pensamientos, lo que les quita su poder para gobernarte. De este modo puedes liberarte de la reactividad de la complacencia crónica y tener más poder de decisión sobre tus conductas. Recuerda que la paciencia y no forzar contribuirán a que mantengas la atención en tu práctica y dejarán que esta refuerce tu capacidad de adoptar una perspectiva independiente.

7

Conectar con tu belleza interior

Se le llame naturaleza cristiana, budista o belleza innata, tu naturaleza amorosa esencial siempre está presente aun cuando parezca oculta, como cuando la niebla te nubla la visión de lo que tienes justo delante. La búsqueda crónica de aprobación ajena es como la niebla: tapa la luz de tu verdadera naturaleza debido a los años que te has pasado centrado en los demás y reprimiendo tu sabiduría, emociones y valores más profundos. Cuando comprendes que estás hecho de amor, parte de la niebla de la búsqueda crónica de aprobación ajena se levanta, permitiéndote ver y experimentar en primera persona tu propia bondad, lo que puede sanar la herida que originalmente te ha impedido experimentar tu belleza innata.

Este capítulo analiza cómo puedes volver a conectar con tu belleza innata. Si riegas las semillas de amor que llevas dentro, podrás aceptarte mejor tal cual eres, con tus imperfecciones y demás. Podrás darte la aceptación que no obtuviste suficientemente en etapas anteriores de tu vida. Cuando te formes una opinión más flexible de tu persona, más satisfecho estarás, más fácil será complacerte y menos miedo tendrás. Además, tendrás una mayor sensación de pertenencia que te permitirá abrirte verdaderamente a los demás.

En este capítulo descubrirás la meditación de bondad amorosa, lo que, combinado con tu práctica continuada de la meditación mindfulness, será inestimable para el redescubrimiento del amor y la bondad del centro de tu ser; atributos que permanecen intactos al margen de que los demás te quieran o te den su aprobación. Estas prácticas disiparán la niebla para que puedas, por fin, encontrar el camino a casa.

TODOS LO TENEMOS

Todo el mundo tiene una belleza innata —¡todo el mundo!— y acceder a esa hermosura interna es transformador. Piensa en la película *Pena de muerte* (basada en una historia real), en la que un convicto en el corredor de la muerte, Matthew Poncelet, y una monja católica, la hermana Prejean, entablan una amistad espiritual profunda y firme. Casi al final de la película, tras una larga lucha interna por sus horribles crímenes, Matthew experimenta que incluso él es hijo de Dios y tiene una belleza innata; y este descubrimiento lo transforma. De pronto su expresión es dulce y alegre, y no dura, hostil, herida y defensiva como había sido hasta entonces. Al ver a Matthew tan radicalmente transformado, la predisposición de casi todos los que vieron la película también cambió.

La práctica del mindfulness y la bondad amorosa pueden ayudarte a fomentar la conciencia plena de que también tú posees esta belleza innata, y de que la tienes permanentemente, incluso cuando parece oculta o inexistente. Aunque en tu infancia no te enseñaran que estás hecho de amor, puedes descubrir por ti mismo tu bondad innata. Y de ese modo puedes abrirte más alegremente a tu vida, aceptarte tal como eres, conectar más profundamente con los demás, actuar con más asertividad e intencionalidad y hallar un equilibrio entre la satisfacción de tus necesidades personales y las ajenas. Como con otros aspectos del mindfulness, este cambio es gradual y madurará a partir de la práctica continua.

Cuando estés inmerso en el ciclo de búsqueda crónica de aprobación recuérdate que eres más cosas; que tienes valores, mérito y belleza completamente al margen de cualquier intento por complacer a los demás. Es una manera de concederte lo que necesitabas de pequeño. Aunque al principio no te lo creas, sigue recordándotelo. Hacerlo reafirma tu intención de ser bondadoso contigo mismo y sanar.

ACCEDER A TU VERDADERA NATURALEZA NO ES EGOÍSTA

Es importante que entiendas que acceder a tu verdadera naturaleza no es egoísta ni egocéntrico. De hecho, abriéndote a tu verdadera naturaleza te mirarás menos el ombligo y serás más tolerante con tus imperfecciones. Esto contribuirá a que experimentes la belleza interior de los demás y los aceptes con sus puntos débiles. Cuando entiendas que todo el mundo comparte esta belleza innata, sentirás que formas parte de algo que te trasciende. Además, cuando do estés seguro de quién eres, dependerás menos de otros porque sabrás que ya tienes lo que necesitas.

LA VERDAD MÁS ALLÁ DEL JUICIO

La práctica del mindfulness es crucial para conectar con tu belleza natural, ya que te ayuda a ver más allá de tus juicios y percepciones de ti mismo. Cuando potencies una perspectiva independiente de tus pensamientos y juicios, relacionándote con ellos como acontecimientos de la mente, comprobarás que lo que piensas de ti mismo no te define como persona. Esto te permite suavizar los juicios propios y fomenta que te aceptes tal cual eres: tus excentricidades, tus atributos útiles y no tan útiles, tus emociones y todo lo que subyace a la máscara de simpatía crónica, incluida tu belleza interior. Con esta opinión más flexible de tu persona, estarás menos a la defensiva y sentirás más armonía con el flujo de la vida.

Digamos que después de ayudar a un amigo crees que no has hecho suficiente. Ese pensamiento contiene un juicio implícito («No he hecho suficiente»), pero, además, es probable que te juzgues a ti mismo («No soy un buen amigo» o «Soy un vago» o «No soy servicial»). Sin embargo, estos juicios no son más que acontecimientos de la mente; no demuestran quién eres. Con este prisma y una opinión más flexible de tu persona, puedes tratarte con más tolerancia y aceptación, en lugar de acumular vergüenza y demérito. Saber que eres más y menos que tus percepciones de ti mismo resulta liberador.

Práctica informal:
Observar el juicio interior

Practica la respiración mindfulness en cualquier momento y observa si estás juzgándote. Si es así, despréndete de ello lo mejor que puedas. ¡Despréndete también del juicio por haberte juzgado! Realizar esta práctica informal con regularidad puede ayudarte a tener más clara tu verdadera naturaleza y ser más compasivo contigo mismo.

NATURALEZA VERDADERA Y VERDADERAS INTENCIONES

Mediante la práctica continuada de las meditaciones mindfulness y de bondad amorosa descubrimos que, en el fondo, tenemos la profunda intención de ayudarnos a nosotros mismos a ser felices y mitigar el sufrimiento, tanto el propio como el ajeno. Además, descubrimos que estas intenciones son la base de todo cuanto hacemos. Sabiendo esto, damos otro paso más hacia la verdad de nuestra bondad.

Ha habido épocas en mi vida en que he tomado decisiones inconscientes y dolorosas. Una de ellas fue casarme a los dieciocho años. Cuando aquel matrimonio terminó, estuve rabiosa conmigo misma por haber subido al altar. Gracias al mindfulness y a los consejos de un hábil terapeuta me di cuenta de que esta decisión había estado motivada por el intenso deseo de encontrar el amor en medio de un entorno hostil. También comprendí que me había casado tan joven, porque temía perder a mi novio si no me casaba entonces. Además, entendí que en el fondo de esa decisión estaba el propósito de ser amada y de librarme del sufrimiento; un entendimiento que me permitió perdonarme a mí misma por aquella decisión.

Tal como se ha tratado a lo largo de este libro, muchas de las maneras en que sobrellevamos el miedo a no ser amados pueden dar pie a un tremendo sufrimiento, como mi decisión de casarme tan joven. De pequeños aprendimos estas problemáticas estrategias de supervivencia, tales como decir «sí» cuando no queremos, no ser leales con nosotros mismos en un intento de encajar o sepultar nuestras emociones. Están profundamente arraigadas y no decidimos pensar, sentir ni actuar así de un modo consciente. Incluso aun siendo conscientes de estos mecanismos de supervivencia, responden a razones poderosas y en ocasiones recurrimos a ellos de forma refleja aunque pretendamos lo contrario. Sin embargo, estas estrategias de supervivencia no son culpa nuestra. Son simplemente reacciones inconscientes y arraigadas.

Cambiar estos hábitos es difícil, pero posible. Cuando te encuentres en plena búsqueda de aprobación, inspira y recuerda que tus hábitos de búsqueda de aprobación ajena nacen de una honda intención de ayudarte a ti mismo a ser feliz y libre. Asimismo despréndete de toda culpa o juicio crítico por estas conductas y formas de pensar habituales. Esto puede ayudarte a sanar la herida que originó el problema. La psicóloga Tara Brach, que enseña mindfulness en Washington, D. C., dice que perdonarte y desprenderte de la vergüenza que te producen tus estrategias de supervivencia es esencial para sanar las heridas de las que surgieron (2011).

La práctica del mindfulness nos ayuda a cultivar la conciencia, la paciencia y la compasión que necesitamos a fin de conocer y soltar nuestros pensamientos críticos, perdonarnos a nosotros mismos una y otra vez, y reivindicar nuestra propia bondad. De esta forma, el mindfulness nos ayuda gradualmente a volver al hogar: nosotros mismos.

Reflexión:
Albergar intenciones amorosas

Acaricia el momento practicando la respiración mindfulness de cinco a diez minutos. Cuando estés relajado, manifiesta una o más intenciones amorosas hacia ti mismo. Por ejemplo, una de mis pacientes me contó que su intención era honrar profundamente su propia naturaleza bondadosa. Otra paciente me dijo que su intención era respetar y confiar en su sabiduría interior. ¿Cuáles son tus intenciones? Tómate unos minutos para explorar tus intenciones y anótalas en tu diario.

Práctica informal:
Recordar las intenciones amorosas

Durante el día, recuerda las intenciones amorosas que has escrito en tu diario. Estos recordatorios pueden ayudarte a que decidas tratarte bondadosamente con más frecuencia.

Práctica informal:
Recordar tu intención más profunda

Cuando te veas inmerso en una conducta de búsqueda de aprobación que estás intentando frenar, es posible que experimentes frustración y rabia contra ti mismo. Reconoce estos sentimientos, deja que las cosas sean como son y luego recuerda que la intención profunda que motiva la conducta es encontrar la felicidad y la liberación del sufrimiento. Puede que esto te ayude a ser menos duro contigo mismo.

MEDITACIÓN DE BONDAD AMOROSA

En vista del poderoso impacto del miedo y los sentimientos de demérito asociados a la búsqueda crónica de aprobación, no te vendría mal una gran dosis de bondad para consolarte. La meditación de bondad amorosa, que se basa en el mindfulness, puede proporcionar precisamente eso. En palabras de Sharon Salzberg, autora de éxitos de ventas y profesora de meditación de renombre, la bondad amorosa es la «capacidad de dar cabida a todas las partes de nuestra persona, así como a todas las partes del mundo» (1995, 27).

La bondad amorosa se entrena en primer lugar dirigiendo amor y amabilidad hacia nosotros mismos y luego haciendo extensivos a los demás estos sentimientos. Como la búsqueda habitual de aprobación ajena normalmente fija nuestra atención en los demás, en el contexto de este libro nos centraremos en la bondad amorosa hacia nosotros mismos. Sin embargo, te animo a que, a la larga, abarques la práctica íntegra. En el libro de Sharon Salzberg, *Amor incondicional* (1997), entre otros, tienes instrucciones completas para la meditación de la bondad amorosa.

La bondad amorosa puede entrenarse tanto de manera formal como informal. La práctica formal consiste en repetir buenos deseos durante un periodo de meditación sedente o andando. La práctica informal implica repetir esas bendiciones durante el día o simplemente atraer sentimientos bondadosos, sobre todo cuando surgen los problemas. También puedes fomentar la bondad amorosa recordando tu intención de ser amoroso y bondadoso a lo largo del día.

Según la tradición budista, la práctica de la bondad amorosa se le recomendó originalmente a un grupo de monjes como solución a su miedo a vivir y meditar en un bosque oscuro y encantado. A la luz de esta historia, parece lógico invocar el poder de la bondad amorosa cuando te da miedo decir «no» o te pones nervioso pensando que no le caes bien a alguien o que no te quiere. Además, la bondad amorosa ayuda a canalizar la actitud de aceptación que también cultiva el mindfulness en general. Esta cualidad de aceptación le permite a la mente ser lo bastante amplia para contener toda la vida con bondad. En su libro *El secreto de la felicidad está en tu interior* (2010), la psicoterapeuta y profesora de mindfulness Sylvia Boorstein manifiesta que la bondad amorosa «dulcifica la mente».

En nuestra sociedad, el amor casi siempre se fundamenta en el cumplimiento de determinadas condiciones. Por ejemplo, si tu pareja trae a casa una nueva y costosa adquisición sin consultártelo, puede que le hagas el vacío durante bastante tiempo. Muchos de los que somos propensos a la búsqueda de aprobación ajena hemos sufrido la negación de amor de nuestros padres si no satisfacíamos sus expectativas; en cambio, la bondad amorosa se da libre e incondicionalmente. De hecho, en la práctica íntegra, la bondad amorosa acaba extendiéndose a «las personas complicadas» o la gente con la que chocas. Tal vez seas escéptico respecto a si es verdaderamente posible extender la bondad amorosa hacia tu persona y los demás. Procura desprenderte de todo juicio y compruébalo por ti mismo. Requiere paciencia y tiempo, pero si perseveras en la meditación de bondad amorosa, comprobarás que es posible amar incondicionalmente.

Regar tu jardín

Hay quien compara la meditación de bondad amorosa con el acto de regar las semillas de un jardín. En este caso, las semillas del amor incondicional. Los juicios severos, los sentimientos de demérito y una focalización externa constante son las malas hierbas de ese mismo jardín. Me imagino la búsqueda crónica de aprobación ajena como un jardín en el que se han regado las malas hierbas, pero las semillas de bondad amorosa siguen secas.

Cuando riegas las semillas de bondad amorosa que ya hay en ti, cultivas la capacidad de dejar que tu amor crezca y acabe por florecer. Sin embargo, todas las semillas necesitan tiempo y cuidados para germinar, crecer y dar fruto, y la focalización excesiva en el producto final es improductiva. Recuerda que estás sencillamente regando semillas y que con el tiempo darán fruto.

Asimismo, ten presente que no tiene que pasar nada concreto durante la meditación de bondad amorosa, ni siquiera hay que sentirse de una forma determinada. De hecho, lo mejor es no tener la expectativa de que suceda nada durante la práctica. Céntrate, en cambio, en el sencillo acto de regar las semillas. Nada más.

Después de dedicar durante años tanta atención a lo que los demás quieren, quizá te parezca egoísta o difícil dirigir el amor hacia tu persona. Puede que también descubras que afloran sentimientos de demérito, rabia o culpa al practicar la bondad amorosa; limítate a tratarte con bondad ante esos sentimientos complejos. En esta práctica, y en la vida cotidiana, siempre empiezas en el presente, justo donde estás, con los sentimientos desagradables y demás. La paciencia es también un aliado cuando aparecen los juicios negativos o sentimientos de demérito.

Más adelante abordaré cómo gestionar y aliarse con los «inconvenientes» que surgen durante la meditación de bondad amorosa. Por ahora, me limitaré a decir que es vital que recuerdes permanentemente que el poder del amor es invencible.

Práctica formal:
Meditación de bondad amorosa

Resérvate unos veinte minutos para esta práctica y busca un lugar tranquilo y cómodo donde sentarte. Tal vez te sea útil crear ambiente generando sentimientos de amor antes de empezar la meditación formal. Puedes acariciar a tu mascota, poner música o poesía en la radio, o recordar un momento específico en que te sintieras verdaderamente querido. No es un requisito indispensable, pero a veces va bien. (En www.livingmindfully.org/ntp.html hay una grabación de audio de esta meditación, por si quieres usarla a modo de guía.)

Empieza por practicar la respiración mindfulness durante varios minutos. Cuando estés relajado, recuerda tu intención de ayudarte a ti mismo a liberarte del sufrimiento.

Evoca a un ser, humano o no, que te haga sonreír y al que quieras mucho. Si no se te ocurre un ser así, puedes imaginarte a alguien que no conozcas, pero que encarne el amor, tal vez Jesús, el Dalái Lama, Gandhi, la Madre Teresa o Martin Luther King hijo. Imagínate que estás ahora en presencia de este ser. Permítete sentir esa presencia. Observa qué pasa en el cuerpo, tal vez experimentes sensaciones de ligereza o regocijo en el corazón. Contempla a este ser concreto con mirada amorosa. Permanece unos instantes deleitándote en esta presencia imaginada.

Ahora dirige tu mirada amorosa hacia ti mismo. Observa tu experiencia al hacerlo, recordando que no tiene que suceder nada especial. Observa simplemente qué pasa en tu interior. Estás regando las semillas del amor por ti mismo, sin intentar forzar que crezcan y florezcan ya.

Repite para ti mismo las siguientes bendiciones durante unos quince minutos o el tiempo de que dispongas. Prueba a dejar que la dulzura y la bondad impregnen la forma en que te hablas a ti mismo cuando dices estas frases:

Que me libere del miedo y el sufrimiento.
Que tenga bienestar físico.
Que tenga bienestar mental.
Que sea feliz y verdaderamente libre.

Durante esta práctica es posible que experimentes diversos sentimientos. Reacciona a todos ellos con conciencia plena, amor y bondad. Sintoniza con tus sentimientos cuando repitas las afirmaciones. Prueba a reconocerlos y permitir que estén presentes. Si te resulta imposible expresar bondad amorosa hacia tu persona, ofrécesela primero a un ser querido y luego vuelve a dedicarte buenos deseos.

Es posible que notes el deseo ferviente de percibir la sensación de una presencia amorosa. Tranquilo; cuando esto pase, obsérvalo y luego deja de intentar forzar nada. Podrías recordar que las semillas de bondad amorosa ya están allí esperando a que las riegues. No tienes que hacer que crezcan, florezcan y den fruto de inmediato.

Si albergas sentimientos amorosos y amables hacia tu persona, saboréalos a la vez que permites su vaivén. Deléitate en ellos sin intentar que permanezcan o se vuelvan más profundos. Esto te entrena para permitir que los sentimientos de alegría estén simplemente presentes sin apegarte demasiado a ellos. Durante esta experiencia de amor, puede que digas todas las palabras o que únicamente emplees los sentimientos básicos expresados: «libre», «bien», «amoroso», «feliz». Cuando los sentimientos amorosos mengüen, puedes retomar las afirmaciones.

Tratarte con bondad es útil en cualquier experiencia. No es inusual aburrirse mientras uno está sentado repitiendo las bendiciones. Cuando esto pase, reconoce el pensamiento de que la práctica es aburrida y regálate un poco de bondad por sentir aburrimiento. Recuerda que todo el mundo tiene esta clase de pensamientos y sentimientos; a continuación vuelve a tus afirmaciones. Aquí la clave está en que puedes fomentar la bondad amorosa incluso en presencia de sentimientos desagradables.

Tal vez afloren pensamientos y sentimientos de demérito, rabia u odio. No son inusuales y también pueden tratarse con bondad. Prueba a abrirte y aceptar esos sentimientos. Una opción es reconocer con bondad los sentimientos y pensamientos, y luego simplemente retomar las afirmaciones. También puedes impregnar la experiencia de bondad amorosa dirigiendo las bendiciones hacia tu persona por tener sentimientos dificultosos, o hacia los sentimientos de demérito, rabia u odio, como si las emociones fuesen otra persona. Y otra opción es visualizar la parte de ti que está rabiosa o llena de odio, y dirigir las afirmaciones hacia esa parte específica de tu persona. Hay gente que se imagina que una parte más joven de sí misma está herida y necesita una voz bondadosa y tranquilizadora. Todos estos métodos te brindan la oportunidad de regalarte amor cuando tengas problemas.

Práctica informal:
Recibir el momento como a un amigo

En cualquier momento y situación puedes repetir estas frases que sugiere Sylvia Boorstein: «Que reciba este momento plenamente. Que lo reciba como a un amigo» (2010). Esto puede ser especialmente poderoso cuando estés inmerso en la búsqueda de aprobación, hayas actuado para complacer a los demás o simplemente has notado el impulso de hacerlo.

MÁS SOBRE LA HISTORIA DE MADELINE

¿Recuerdas a Madeline, cuyas dolorosas experiencias infantiles incluían malos tratos, negligencia y el suicidio de su madre? Parte de su viaje hacia la sanación tuvo lugar durante un retiro de bondad amorosa. Madeline me contó que descubrió que había sido «la Parca», dedicándose a eliminar todo el amor que le llegaba porque, sencillamente, no era lo bastante bueno. Había estado buscando a su madre y ninguna forma de amor que le llegaba podía colmar ese deseo.

Al verse ante lo que ella consideraba una vida de errores, en la que había rechazado el amor potencial una y otra vez, percibió sus sentimientos y se limitó a repetir: «Es lo que hay». Esto abrió la puerta de la aceptación. También se dio cuenta de que detrás de todas sus acciones, errores incluidos, había motivaciones adaptativas y eso le permitió concederse cierto perdón.

Entonces recordó el objetivo del retiro: regar las semillas de bondad amorosa. Volvió a sus afirmaciones: «Que esté en paz. Que sienta amor en todas las células de mi cuerpo. Que conozca mi naturaleza radiante y verdadera. Que sea feliz y verdaderamente libre». Aunque no creía que realmente hubiese semillas de bondad amorosa en su interior, siguió con sus afirmaciones.

Entonces se le ocurrió que lo único que realmente había deseado siempre podía resumirse en una sola frase: «Que encuentre el camino a casa». Como nunca había tenido el tan deseado hogar lleno de amor, Madeline había fantaseado con la idea de tenerlo. Para ella, un hogar era el sitio donde la querrían incondicionalmente y donde la añorarían si se fuera, la valorarían y la apreciarían. Un lugar donde podría quitarse la máscara y ser ella misma. Así pues, Madeline cambió las anteriores afirmaciones por esta, y la repitió para sus adentros una y otra vez: «Que encuentre el camino a casa. Que encuentre el camino a casa. Que encuentre el camino a casa».

Al acceder a su desesperado deseo de volver a casa, tuvo una visión pormenorizada. Se vio a sí misma en una alameda en la que los árboles le habían preparado una mecedora para la ocasión. Se sentó en la mecedora, que se balanceaba con la suave brisa, y las hojas deliciosamente doradas revolotearon a su alrededor. Allí sentada, pensó que, tras toda una vida de insomnio e hipervigilancia, por fin podía sentirse a salvo y dormir plácidamente. Mientras se relajaba sintió que estaba en casa con todas las células de su cuerpo y lloró lágrimas de alivio y gratitud.

Esta visión profundamente sanadora fue fruto de la práctica del mindfulness y la bondad amorosa de Madeline, alimentada por su predisposición a observar simplemente su experiencia y permitir que su práctica la transformase. Cuando se concedió quietud y silencio, Madeline comprendió que abrirse a los sentimientos dolorosos producidos por los malos tratos, la negligencia y la privación de amor en realidad la conducía a su salvación. Abrirse a la profundidad de su deseo de un hogar le permitió encontrarlo donde jamás se había imaginado. Después del retiro me dijo: «La idea abstracta de satisfacer mis necesidades dentro de mí misma, cosa que nunca me había parecido que tuviese mucho sentido, se convirtió en una experiencia concreta. Las intensas emociones surgidas garantizaron que recordase esto con la misma intensidad que cualquier experiencia física».

Una mano amorosa

Aunque la experiencia de Madeline fue profunda, las experiencias más sutiles pueden también reafirmar nuestra belleza interior. Después de practicar durante muchos años la meditación de mindfulness, durante un año entero hice de la bondad amorosa hacia mí misma mi única práctica meditativa. Fue un viaje precioso de vuelta al hogar: yo misma. Según avanzaba el año, pude estar más presente y ser más tolerante con la vida. Me sentía más ligera y me criticaba con menos frecuencia e intensidad. Claro que había veces en que la bondad amorosa se escabullía, pero poco a poco fue más fácil acceder a esta amorosa presencia de ánimo y a mi verdadera naturaleza. Ahora entiendo que siempre está a mi alcance, esperándome como un viejo amigo.

En el transcurso de aquel año, asistí a muchas pequeñas sorpresas sutiles y maravillosas. He aquí un curioso ejemplo: a veces, cuando me encuentro físicamente mal, también me siento emocionalmente baja y estoy más irritable y soy más crítica conmigo misma. Un día de mucho ajetreo acabé con anginas y fiebre. Llegué a casa con la angustia de si al día siguiente estaría también enferma. Cuando me metí en la cama, como estaba acostada de lado, observé mi mano sobre la almohada con el pulgar escondido dentro del puño. El lateral de la mano parecía una boquita, era como Johnny, el personaje formado por una mano habladora que creó el Señor Wences en la década de 1950 y que salía en el *Show de Ed Sullivan*. Si eres demasiado joven para recordar esto, puedes verlo en YouTube.

Ante ese recuerdo inesperado, sonreí. Seguí mirando mi mano y Johnny, la manita habladora, parecía estar pronunciando mis pensamientos espontáneos: «Todo irá bien. Ha sido un día duro, tranquila». La voz era bondadosa y sincera, no sarcástica y reprobadora como podría haberlo sido en el pasado. Pude descansar y conciliar el sueño.

Reflexión:
Crear afirmaciones de bondad amorosa personalizadas

Cuando practiques la meditación de bondad amorosa, es posible que notes que determinadas palabras o incluso frases enteras no te suenan del todo bien. No pasa nada si las cambias por algo que suene convincente, pero procura no hacerlo demasiado a menudo, porque la constancia de las frases contribuye a aumentar la concentración, tan útil en toda meditación. Al crear tus propias bendiciones, examina qué necesitas para poner más corazón y darle más sentido a tu vida. Si decides crear tu afirmación de bondad amorosa, invéntate algo que refuerce tu intención principal de aliviar tu sufrimiento. Como hizo Madeline, confía más en el corazón que en la cabeza cuando crees afirmaciones de bondad amorosa.

Aquí tienes un ejemplo de lo beneficioso que puede ser cambiar ligeramente tus bendiciones de bondad amorosa. Si tu problema es un sentimiento acusado de demérito, puede que te reconforte usar frases como «Que me abra a mi naturaleza verdadera y radiante» o «Que me acepte a mí mismo como soy».

Aquí tienes otras afirmaciones para tener en cuenta. Te las pongo como ejemplo, no porque se adecuen a ti. Te ruego que las uses, o no, con total libertad. Prueba a decirlas para ti mismo y fíjate en si te llegan al corazón. Si no, recurre a tu intuición para crear frases que te funcionen.

- *Que esté libre de cualquier miedo.*
- *Que esté protegido y a salvo del peligro.*
- *Que me acepte como soy.*
- *Que esté sano de mente y cuerpo.*
- *Que esté libre de todo sufrimiento mental.*
- *Que esté libre de todo sufrimiento físico.*

- *Que halle equilibrio y sosiego en esta vida.*
- *Que me llene de amor incondicional.*
- *Que esté presente y sea verdaderamente libre.*
- *Que sienta amor en todas las células de mi cuerpo.*
- *Que esté receptivo y acepte mi experiencia.*
- *Que esté en paz.*
- *Que mi corazón esté receptivo y libre.*

En cuanto tengas de tres a cinco bendiciones que se ajusten a ti, escríbelas en tu diario. También puedes anotarlas en otro sitio, si lo deseas, tal vez a modo de nota en tu smartphone o impresas en un papel bonito. Probablemente las memorices enseguida, pero entretanto quizá quieras tenerlas a la vista donde meditas o donde sea que las necesites.

Reflexión:
Explorar tu belleza innata

Relájate poco a poco con unos minutos de respiración mindfulness. A continuación tómate un tiempo para reflexionar sobre la bondad amorosa y lo que has experimentado con las prácticas de este capítulo. Observa tus pensamientos, sentimientos, y las sensaciones físicas. Deja simplemente que estas experiencias vayan a tu encuentro, limitándote a observar lo que sea que pase en tu interior. Cuando estés preparado, anota algunos de tus sentimientos y pensamientos sobre la bondad amorosa en tu diario.

Práctica informal:
Practicar la bondad amorosa mientras realizas una actividad

Pronuncia en cualquier momento tus frases de bondad amorosa mientras realizas las actividades cotidianas. Observa qué experimentas cuando te concedes bondad amorosa cotidianamente.

RESUMEN

Mediante las meditaciones de mindfulness y de bondad amorosa podemos abrirnos a la belleza que reside en nuestro interior y dar pasos de gigante hacia la sanación de la herida infantil que provoca la búsqueda crónica de aprobación ajena. Con paciencia y perseverancia, nos brindamos más amor y aceptación y aprendemos que en nuestro fuero interno ya tenemos lo que necesitamos. Nos volvemos menos temerosos y podemos atrevernos a dejar de intentar con tanto ahínco complacer a los demás, liberándonos para amar y conectar genuinamente y dejar que la gente nos vea sin la máscara de simpatía crónica. Asimismo ampliamos nuestra capacidad de decir «no» cuando haga falta y abordar amorosamente los conflictos interpersonales.

8

Aliarte con tus emociones

Observa a un bebé durante un rato y comprobarás cuán naturales son las emociones. Por ejemplo, cuando el bebé se despierta, avisa a quien le cuida con un gemido, luego un grito y luego con un grito de enfado, dependiendo de su estado y de cuándo le atienda el adulto. Todos nacemos con emociones y a veces el mero hecho de entender esto puede ayudarnos a juzgarlas menos y a dejar de combatirlas.

Las emociones le dan intensidad a la vida y proporcionan una información vital acerca de lo que nos importa. Cuando vemos a un bebé o nos dan una buena noticia, nos alegramos. Cuando consideramos que nos dan un mal trato, surge la rabia. Si no tuviésemos emociones, la vida sería aburrida y monótona, y deambularíamos por ahí como zombis.

Aunque las emociones dan jugo a la vida, lógicamente reaccionamos a la herida que nos produce no sentirnos amados ni dignos de serlo, a la que se suma la búsqueda crónica de aprobación ajena, intentando anular las emociones dolorosas. Las mitigamos desviando la atención hacia cosas como ver televisión, comer, beber alcohol o navegar por Internet. Quizá nos quejemos de que otros nos ofenden en lugar de centrarnos en cómo nos hace sentir eso. Solemos combatir los sentimientos de manera tan refleja que automáticamente los negamos. Si bien la intención es protegernos a nosotros mismos, combatir las emociones, en realidad, produce más dolor emocional.

En este capítulo analizarás de qué forma las lecciones del mindfulness —ser consciente, apagar el piloto automático, desprenderte de juicios e ideas preconcebidas, dejar que las cosas sean y verlas con ojos bondadosos— puede ayudarte a gestionar tus emociones de un modo radicalmente distinto. Extender estos atributos a las emociones nos ayuda a brindarles amistad, apertura y compasión.

Cuando afrontamos nuestras emociones con compasión, damos un paso hacia la sanación de la herida infantil. Abrirnos a nuestro deseo profundo de amor y a la vulnerabilidad que nos causa querer que nos amen nos permite abrirnos al amor que llevamos toda la vida buscando (Welwood 2006). Abrigar estas y todas nuestras emociones con gran compasión, prepara el terreno para gozar de paz en medio de la confusión, como la madre afectuosa que tranquiliza y consuela al hijo que sufre, permitiéndonos actuar con más intencionalidad y sensatez en lugar de que nos gobiernen las emociones.

ALIARSE CON LAS EMOCIONES

En el mundo exterior tendemos a recurrir a nuestros amigos y huir de nuestros enemigos. Aliarnos con nuestras emociones puede ayudarnos a ir hacia la verdad de nuestra experiencia en lugar de huir de ella. También puede ayudarnos a estar, surja lo que surja, incluso si lo que aflora es hostilidad contra nuestras emociones.

Creencias sobre las emociones

Analizar las creencias que tenemos de nuestras emociones y cómo nos relacionamos con estas es importante para aliarnos con ellas.

Como respuesta a la herida infantil solemos distanciarnos de nuestras emociones, tal vez por la creencia de que nos harán demasiado daño. Además, a muchas personas se les inculca la creencia de que determinadas emociones son malas, insoportables o no deberían sentirse, reconocerse ni expresarse. «Para de llorar o te daré motivos para llorar de verdad» es una expresión que ha enseñado a muchos niños a reprimir o negar sus emociones, y les transmite que prestar atención a las emociones no puede ser bueno. Además, si los niños no reciben apoyo cuando experimentan emociones, desarrollan una sensación de soledad y se sienten incapaces de superar problemas emocionales. Todas estas creencias influyen en el modo en que nos relacionamos con nuestras emociones y todas contienen un profundo sufrimiento psíquico potencial.

¿Buenas o malas? ¡No lo sé!

Cuesta dejar de batallar con las emociones cuando las juzgamos como buenas o malas. En realidad, no son ni buenas ni malas; son experiencias de las que podemos aprender si prestamos atención con el corazón abierto. Te contaré una vieja historia que ilustra este extremo: un preciado caballo semental de un viejo y sabio granjero chino se escapó del establo. Su vecino le dijo: «¡Vaya! Qué horror ¿no?» El granjero le contestó amablemente: «Tal vez sí, tal vez no. No lo sé». Cuando el caballo volvió con una manada de yeguas, el vecino le dijo: «Qué maravilla ¿no?» El granjero dijo: «Pues no lo sé, la verdad». Cuando el hijo del granjero se rompió la pierna montando a uno de esos caballos salvajes, el vecino le dijo: «Qué horror ¿no?» El granjero contestó cortésmente: «No lo sé». Más adelante, cuando el ejército no reclutó al hijo del granjero porque se había roto la pierna, el vecino le dijo: «Qué bien ¿no?» El granjero contestó: «Tal vez sí, tal vez no. No lo sé».

Como el granjero, si estamos receptivos y no juzgamos nuestras experiencias, emociones incluidas, descubrimos que realmente no *sabemos* si son malas, absurdas, abrumadoras o como quiera que las juzguemos. Y, como le pasó al granjero, puede que descubramos que estar receptivo y no juzgar nos ayuda a gestionar con más soltura cualquier cosa que se cruce en nuestro camino.

Todo cambia

Muchos de mis pacientes vienen a verme abrigando la creencia de que si se abren a una emoción intensa y compleja, esta no cambiará ni desaparecerá nunca y puede que hasta los abrume o los mate. Saber que las emociones son pasajeras puede ayudarte a aliarte con ellas. Mediante la práctica del mindfulness adquirirás de primera mano una profunda experiencia de la naturaleza pasajera de todo, incluso las emociones. Esta comprensión te facilitará que vayan y vengan sin combatirlas, lo que te ofrecerá un mayor alivio del dolor emocional.

Nuestras intenciones hacia las emociones

Para aliarnos con nuestras emociones, Miriam Greenspan, autora de *Healing Through the Dark Emotions: The Wisdom of Grief, Fear, and Despair* (2003), [Sanar gracias a las emociones sombrías: la sabiduría del dolor, el miedo y la desesperación], sugiere que examinemos nuestras intenciones hacia ellas. La mayoría de la gente, incluidas las personas que buscan la aprobación ajena, actúa con la intención de disipar las emociones difíciles; en cambio, Greenspan sugiere proponerse como intención el uso de las emociones con la finalidad de sanar. Si prestamos atención a nuestras emociones y reconocemos la sabiduría que confieren, podemos cultivar una actitud bondadosa y de aceptación hacia ellas.

Si llevas años reprimiendo tus emociones, quizá te preguntes qué sabiduría puede derivarse de las emociones dolorosas asociadas a la búsqueda crónica de aprobación ajena. Los profesionales de la salud mental coinciden en que todas las emociones contienen atributos positivos y adaptativos que nos ayudan a conocer y atender nuestras necesidades. Por ejemplo, la rabia nos dice que de algún modo nos sentimos heridos o turbados, y quizá nos lleve a enmendar un error o defendernos.

Sin embargo, las emociones pueden ser confusas. La mejor manera de saber lo que nos están diciendo es escuchar atentamente. Si bien puede ser útil saber *por qué* sentimos lo que sentimos, no siempre es necesario. De hecho, un análisis intelectual de nuestras emociones tal vez no nos sirva. En ocasiones, cuanto más intentamos comprender nuestras emociones, más somos presa de las circunstancias dramáticas del momento, generando aún más angustia. Por consiguiente, el trabajo consiste simplemente en ser un testigo compasivo y abrirse a lo que venga. El proceso de aliarse con las emociones puede ayudarnos a hacer eso precisamente.

Reflexión:
Explorar tus creencias sobre las emociones

Relájate poco a poco practicando la respiración mindfulness durante unos minutos. A continuación reflexiona sobre tus creencias con respecto a las emociones. ¿Qué aprendiste de las emociones en las etapas tempranas de tu vida? ¿Aprendiste a creer que son malas o buenas? ¿Aprendiste que está mal que experimentes o expreses una emoción? ¿Qué crees que pasará si te permites sentir emociones? ¿De qué manera las combates? Observa con calma los pensamientos que te vienen a la cabeza durante esta reflexión. Tómate un rato para escribirlos en tu diario.

Relájate de nuevo practicando la respiración mindfulness durante unos instantes. Luego analiza lo que te gustaría creer de tus emociones. ¿Te gustaría creer que no tienes que combatirlas, que puedes sobrevivir a ellas o que, en realidad, pueden serte útiles? Formula algunas intenciones con respecto a tus emociones. Por ejemplo, la intención de estar receptivo a ellas y de aprender de ellas. ¿Cómo te sentirías albergando la intención de usar las emociones para sanar? Tómate cierto tiempo para escribir sobre estas reflexiones en tu diario.

El reconocimiento de las emociones

Un paso importante para aliarte con las emociones es reconocer conscientemente que están presentes. Digamos que te produce ansiedad la opinión que le mereces a cierta persona. Si no percibes conscientemente esta emoción, eres un prisionero de la ansiedad y reaccionas a ella de forma automática. El mindfulness te permite hacer una pausa, inspirar y decirte: «Tengo ansiedad», lo que puede ayudarte a distanciarte del dramatismo del momento y reconocer lo que está pasando. Este tipo de simple reconocimiento es importante en el proceso de aliarte con tus emociones y te concede más libertad para que reacciones con sensatez en lugar de hacerlo a partir de creencias y sentimientos antiguos. Te ruego que seas paciente contigo mismo cuando trabajes en esto. Forjar este tipo de relación con las emociones lleva tiempo e incluso con práctica a veces tus emociones permanecerán por debajo de tu radar y producirán reactividad, pero eso forma parte del ser humano.

A lo largo del día conecta contigo mismo realizando una inspiración consciente y observando tus emociones. Si hay una emoción presente, reconócela y etiquétala. Por ejemplo, di simplemente: «Tengo resentimiento» o «Tengo ansiedad». Prueba, además, a ofrecerle bondad siguiendo el consejo del maestro zen Thich Nhat Hanh y a decir, por ejemplo, ante el miedo: «Hola, miedo. ¿Qué tal estás hoy?» (1991, 53).

En mis clases de mindfulness, asigno a mis alumnos esta práctica informal durante una semana. Muchos me cuentan la misma experiencia: que cuando reconocen y etiquetan una emoción, esta se suaviza o desaparece. Lo más probable es que sea porque dejan momentáneamente de combatirla.

Sin embargo, te ruego que entiendas que el objetivo de esta práctica no es hacer que las emociones desaparezcan; el objetivo es relacionarse con ellas con más habilidad. Si cultivamos una aceptación amorosa de las emociones, parte de la cual pasa simplemente por reconocerlas y abrazarlas, podemos dejar que nos recorran y aprender de ellas. Aunque nos cueste, seguiremos desarrollando una mayor aceptación de nosotros mismos.

DEJAR DE COMBATIR LAS EMOCIONES

Cuando huimos de las emociones intensificamos la sensación que experimentamos de niños de que somos inaceptables. Nos abandonamos reiteradamente y nos alejamos más de nuestra belleza interior y sabiduría (Welwood 2006). Por suerte, podemos invertir este ciclo dañino reconociendo, etiquetando y aliándonos con plenitud de conciencia con todas nuestras emociones, agradables y desagradables.

Cuando una emoción difícil aflora, puede que te tenses y tengas pensamientos como «Esto no está bien», «No lo soporto», «¡Tranquilízate!» o «¿Por qué no puedes ser feliz y ya está?» En el otro extremo del espectro tal vez desees aferrarte a la rabia para que los demás finalmente entiendan que deberían apreciarte, pensando: «Se lo demostraré» o «Lo lamentará». En cualquier caso, la lucha intensifica una situación de por sí complicada. El mindfulness puede ayudarte a ser consciente de esta lucha, incluso de tus juicios de las emociones y de ti mismo por emitirlos.

Reconociendo y permitiendo que las emociones estén presentes, no añades más sufrimiento del que ya hay. Mucha gente dice que cuando aparecen emociones difíciles siente ansiedad o rabia contra sí misma. Luego procuran autoconvencerse de que no deben experimentar estos sentimientos, pero, si no les sale bien, sufren más ansiedad. El drama continúa cuando analizan y juzgan el proceso entero y solo finaliza cuando consiguen apartar la atención de la emoción. En el caso de la búsqueda crónica de aprobación tal vez hagamos eso centrándonos en las necesidades ajenas. Sin embargo, como se ha planteado antes, esto no hace más que perpetuar el ciclo de búsqueda crónica de aprobación ajena, privándonos, además, de una información valiosa que nuestras emociones intentan transmitir.

Conforme vayas dejando gradualmente de intentar reprimir, negar o dar poder a tus emociones, podrás cultivar la compasión hacia tu persona en lugar de la rabia o la decepción, aun cuando te cueste dejar que las emociones estén presentes. Con este enfoque es más probable que las emociones vayan y vengan, en lugar de intensificarse o estar todo el día merodeando. Esto te proporciona más paz vital y te permite elegir reacciones más hábiles a la situación de la que se han derivado las emociones. Por ejemplo, en lugar de retraerte y tragarte el resentimiento, como suelen hacer las personas que buscan la aprobación ajena, tal vez puedas abrirte a la emoción y luego, cuando esta se asiente, hablar con asertividad y bondad de un problema.

Afrontar las emociones con conciencia plena y compasión es una respuesta activa y valiente, especialmente después de estar años reprimiendo emociones. Combatirlas consume un montón de energía, así que la aceptación es un uso sensato de la energía. La práctica del mindfulness puede ayudarte a abrirte y serenar tus emociones a fin de poder comunicarte y actuar con más habilidad. Sin embargo, ten presente que aliarse con las emociones es un proceso gradual que requiere paciencia y práctica.

Al igual que la mayoría de la gente, tal vez descubras que a medida que aumenta tu práctica del mindfulness tomas conciencia de un desagrado y una insatisfacción generalizados que nacen del deseo constante de que las cosas sean diferentes a como son. Los humanos tenemos tendencia a sentir automáticamente que el momento es inaceptable. Mediante el mindfulness puedes cobrar conciencia de los momentos desagradables y dejar de combatirlos. Entonces es probable que a menudo descubras que el momento ya está bien como está. Esta conciencia plena puede solucionar muchas emociones y brindar la posibilidad de que haya claridad, equilibrio y alegría en el momento.

De igual modo, quizá te consideres una nulidad simplemente por costumbre y te pongas a analizarlo prácticamente todo para confirmar tu poca valía. Esto te predispone a que seas incapaz de ver y experimentar el amor que tanto deseas aunque en realidad esté presente, desembocando en una triste sensación de insatisfacción con la vida en general. El mindfulness te ayudará a estar presente con tus emociones el tiempo suficiente para entender que los sentimientos de demérito tal vez sean un simple hábito y no una verdadera reflexión de lo que sucede en el momento o quién eres realmente.

Práctica informal:
Anclarte cuando te abrumen las emociones

Cuando sientas que las emociones te abruman, regálate una gran dosis de conciencia plena de las sensaciones del momento presente. Por ejemplo, si tomas un sorbo de agua, observa la sensación de tu mano al tocar la botella de agua, percibe la otra mano al desenroscar el tapón y nota las sensaciones que te produce acercarte la botella a la boca. Observa cualquier divagación mental y vuelve a la sensación de la botella en contacto con tus labios, la sensación del agua en tu boca, etcétera. Esto puede contribuir a anclarte y posiblemente abrirte a la emoción difícil, y relacionarte más hábilmente con ella. Recuerda que esta práctica es una forma de sentirte básicamente más conectado cuando experimentes emociones difíciles; no pretende ser un método para librarse de ellas.

Reflexión:
Explorar emociones no reconocidas

Dado que la negación y la supresión de emociones desempeñan un papel destacado en la búsqueda crónica de aprobación ajena, es importante abrirse a las emociones no reconocidas. Observa durante varios días las emociones que van surgiendo a lo largo de la jornada y prueba a reconocerlas. Cada noche, reflexiona sobre tu experiencia de esa jornada, las emociones que han aflorado, de las que has intentado desprenderte, y qué emociones no has vivido. Luego dedica un rato a escribir en tu diario sobre tus emociones no reconocidas. Puede que eso te dé una idea de los puntos donde tu vida emocional necesita atención. Conforme continúas practicando el mindfulness, tus emociones tal vez se hagan más evidentes, dándote la oportunidad de aliarte incluso con aquellas que destierras automáticamente de tu conciencia plena. (Adaptación autorizada del libro de Ron Siegel de 2010, *The Mindfulness Solution* [El mindfulness como solución].)

JUNTAR TODAS LAS PIEZAS: RAIN

La profesora de mindfulness Michele McDonald creó un proceso de cuatro fases que engloba el enfoque de las emociones anteriormente perfilado y se recoge en el acrónimo RAIN («lluvia» en inglés):

R Reconocer
A Aceptar
I   Investigar
N No identificarse

R = Reconocer

Reconocer conscientemente que una emoción está presente te ayuda a apagar el piloto automático y salir de la negación. En su libro *The Wise Heart* (titulado *La sabiduría del corazón* en su versión en castellano), Jack Kornfield describe con elocuencia este reconocimiento: «Con reconocimiento nuestra conciencia plena se convierte en un digno anfitrión... el reconocimiento nos aparta del engaño y la ignorancia, llevándonos hacia la libertad» (2008, 102). El simple reconocimiento bondadoso de una emoción puede contribuir a la liberación de su tiranía.

A = Aceptar

Una vez que reconozcas una emoción, soltar cualquier esfuerzo por cambiarla o corregirla puede ayudarte a abrirte a lo que está realmente pasando. Cuando percibas emociones, prueba a decirte con dulzura: «No pasa nada por sentir esto», «Puedo lidiar con ello» o «Acéptalo en este momento y ya está». Imagínate, además, acunando tu emoción como si fuese un bebé que llora, como sugiere el maestro zen Thich Nhat Hanh (1991). Recordar y entrenar las actitudes descritas en el capítulo 1: paciencia, mente de principiante, no evaluación y no forzar, puede ser útil para aceptar las emociones. Llevas muchos años batallando con las emociones, así que cuando haya que aceptarlas, tómate las cosas con calma; una a la vez.

No tienes que intentar disipar la resistencia si la emoción del momento te supera. No es necesario forzar nada ni hacer que desaparezca nada. Si la aceptación se te antoja imposible en el momento, puedes reconocer la resistencia con compasión y dejar que esté presente. Luego trabájala usando el proceso RAIN.

I = Investigar

Cuando brotan emociones difíciles solemos quedarnos atrapados en una historia sobre la situación. Intentamos entender las cosas o justificarlas o librarnos de las emociones, o nos castigamos por experimentarlas. El cuerpo es un sitio más fructífero para la investigación de las emociones. ¿Qué sensaciones percibes asociadas con la emoción, y dónde las percibes? ¿Notas calor, pesadez o contracción? También puedes nombrar con dulzura la emoción. Si exploras la ansiedad, por ejemplo, podrías decirte: «La ansiedad es esto» cuando explores las sensaciones. Al explorar las sensaciones asociadas a una emoción, prueba a acogerlas, a ellas y a ti mismo, con compasión.

Puede que las sensaciones intensas sean abrumadoras, dificultando bastante su observación. En ese caso, dirige suavemente tu atención a una parte del cuerpo que no esté afectada por la emoción, tal vez los dedos de los pies o la respiración. Después de centrar la atención vuelve a explorar las sensaciones asociadas a la emoción.

N = No identificarse

Cuando sufres es posible que te sientas solo y creas que tu sufrimiento es único y personal. Aunque el sufrimiento forma parte de la experiencia de todo individuo, tal vez te parezca que eres el único que sufre.

Hace muchos años, durante un retiro, experimenté lo que percibí como accesos brutales de somnolencia y divagación mental, que duraron días. Durante una meditación de foco abierto en la que me quedé dormida, abrí los ojos y vi la sala repleta de gente, cerca de un centenar de personas, y di por sentado que todas estaban teniendo meditaciones absolutamente maravillosas. Afloraron pensamientos negativos de mi persona con respecto a todos los demás, junto con sentimientos de demérito y rabia. Naturalmente, había más gente sufriendo en aquella sala. Cuando me recordé a mí misma que muchas personas de la sala estarían teniendo experiencias similares, noté la sensación de pertenencia y consuelo que tanto necesitaba.

Cuando te das cuenta de que el sufrimiento es parte de la experiencia humana puedes tomarte los problemas de forma menos personal y abrirte a una reconfortante sensación de pertenencia. Supongo que habrás experimentado el alivio que produce saber que otra persona comparte tus sentimientos. Cuando practiques el mindfulness en los momentos delicados de búsqueda de aprobación ajena, recordarte simplemente de la cualidad universal del sufrimiento puede ser tranquilizador.

Ejercicio:
Practica el proceso RAIN

Tendrás el mayor de los éxitos usando RAIN en los momentos difíciles, si lo has practicado sin estar estresado. Para practicarlo relájate antes con unos cuantos minutos de respiración mindfulness. Luego prueba a recordar un momento de búsqueda de aprobación ajena que fuese emocionalmente difícil. Evócalo lo mejor que sepas como si estuviese sucediendo en este momento, recordándolo con la mayor viveza posible, con diversos detalles sensoriales. Si esto suscita una emoción, practica RAIN con ella: reconoce la emoción, acéptala, investígala y deja de identificarte con ella. No olvides tratarte con ternura. Procura también tomarte un rato para escribir sobre esta experiencia en tu diario.

HISTORIA DE ROBERT

Un día llegué a mi despacho y me encontré con un paciente, Robert, un agente de seguros de cuarenta años, padre y estudiante de mindfulness, esperándome en el pasillo frente a la puerta cerrada con llave. Lo saludé y le dije que sentía que hubiese tenido que esperar fuera en el pasillo.

Al empezar la sesión, el malestar de Robert se hizo patente cuando me contó que estaba nervioso y desconcertado por la espera en el pasillo. Se había preguntado si me habría olvidado de él o no me importaba lo bastante como para presentarme. Además, me había oído hablar con alguien al salir del ascensor y pensó que la otra persona me caía mejor que él. Con el corazón encogido, le ayudé a percibir y aliarse con sus sentimientos. Cuando los reconoció, centró la atención en su cuerpo y fue testigo de cómo la ansiedad se transformaba en vergüenza, luego en tristeza por su pasado y cómo este había repercutido en sus sentimientos, y luego en bondad hacia todo ello. Esta práctica le ayudó a desprenderse de su historia y procurarse consuelo.

Práctica informal:
Usar el proceso RAIN cuando sea necesario

Cuando adviertas que en el día a día surge una emoción difícil, reconócela y prueba a centrar la atención en el momento presente. Puede que solo esto alivie la emoción. Si esta persiste, practica RAIN todo el tiempo como tu situación te permita, aceptando, investigando y sin identificarte con la emoción.

Práctica informal:
Usar el proceso RAIN con emociones específicas

Elige una emoción concreta y proponte practicar RAIN con ella regularmente, tal vez a diario, durante una semana o incluso un mes.

RESUMEN

La práctica del mindfulness puede ayudarte a cultivar una actitud amable hacia tus emociones, abriendo la puerta para que recibas su sabiduría y las uses para fomentar la sanación. Entrena la paciencia y no fuerces, para abrirte a ellas con auténtica bondad. Esto les permitirá diluirse más deprisa que si las combates.

9

Autocompasión

En todas las tradiciones espirituales se prescribe la compasión para vivir una vida coherente y dichosa. La compasión incluye la sincera percepción del sufrimiento y el deseo de aliviarlo. Por ejemplo, la historia bíblica del Buen Samaritano que ayudó a un viajero herido constituye un ejemplo revelador de compasión por el prójimo. En la tradición budista la compasión se describe como el estremecimiento del corazón en respuesta al sufrimiento, y es lo que inicialmente puso a Gautama en el sendero de la iluminación para convertirse en Buda.

En una conferencia sobre el *dharma*, Jack Kornfield dijo: «Cuando el amor y el sufrimiento confluyen, aparece la compasión» (2009). Esto vale tanto para la compasión hacia los demás como hacia ti mismo.

EL DESAFÍO DE LA AUTOCOMPASIÓN

En mis clases muchos dicen abiertamente: «No entiendo cómo puedo ser compasivo conmigo mismo» o «¿Cómo voy a ser compasivo conmigo mismo si ni siquiera me gusto?» En vista del modo en que la herida común que todos compartimos nos separa de nuestra bondad innata, estos comentarios tienen su lógica.

Cuando no entendemos nuestra valía y belleza innata no podemos brindarnos compasión. Pero cuando nos abrimos a nuestra naturaleza amorosa y somos conscientes de nuestro sufrimiento, la autocompasión surge de forma natural. Eso nos permite ser bondadosos con nosotros mismos en pleno sufrimiento. Las meditaciones de mindfulness y de bondad amorosa trazan un sendero hacia la autocompasión, ayudándonos a abrirnos al amor y las penas de la vida.

Cuando se apoderan de mí la frustración y la preocupación que genera la búsqueda de aprobación ajena, la compasión es capaz de liberarme de esa esclavitud. La autocompasión me ayuda a relajarme en el momento y a aceptarme como soy, que es precisamente mi aspiración inicial. En este capítulo te ayudaré a analizar la práctica de la autocompasión, por qué es importante y cómo puedes cultivar la bondad hacia ti mismo.

Práctica informal:
Manifestar intenciones autocompasivas

Crea afirmaciones sobre tu intención de ejercitar la autocompasión, luego úsalas para contribuir a concederte esta bondad. Aquí tienes algunas sugerencias con las que podrías trabajar: «Procuraré ser bondadoso conmigo mismo cuando_____». «Procuraré ser bondadoso e indulgente conmigo mismo y mis errores.» «Procuraré advertir y soltar la hostilidad contra mí mismo.» Al despertarte por las mañanas o cuando sea, recuérdate tu intención de ser lo más bondadoso que puedas contigo mismo. Hacerlo, sobre todo en los momentos difíciles, incide en tu deseo innato de ser feliz y reforzará tu decisión de ser compasivo contigo mismo.

LA AUTOCOMPASIÓN AYUDA A LOS DEMÁS

Cuando somos capaces de ver nuestro propio sufrimiento y demostrarnos compasión incrementamos nuestra capacidad de ver y empatizar con el sufrimiento ajeno. Eso permite que los sentimientos de conexión y calidez hacia dicho sufrimiento afloren con más libertad. Empezamos a sentir que formamos parte de la red de la vida; precisamente lo que durante tanto tiempo hemos perseguido mediante la búsqueda de aprobación. Además, empezamos a tomarnos nuestro sufrimiento de manera menos personal, porque vemos que todos los seres tienen experiencias similares y los sentimientos de conexión ya no dependen de los demás; están en tu propio corazón, siempre a tu alcance. ¡Qué alivio!

LOS TRES ELEMENTOS DE LA AUTOCOMPASIÓN

Kristin Neff, investigadora de referencia y profesora de autocompasión, ha identificado tres factores que contribuyen a la autocompasión: el mindfulness, la bondad hacia uno mismo y una sensación de humanidad compartida (2011). En los apartados que siguen analizaremos estos factores y cómo pueden ayudarte a cultivar la autocompasión.

Mindfulness

Tal como se ha señalado, la búsqueda crónica de aprobación ajena suele conllevar perfeccionismo y sentimientos de autocrítica y culpa. Para ejercitar la autocompasión en esos momentos, antes tienes que ser consciente de que estás viviendo un momento así. El mindfulness puede ayudarte a observar los pensamientos y sentimientos de búsqueda de aprobación ajena y liberarte un poco de ellos, dándote por tanto muchas perspectivas nuevas, incluida la autocompasión.

Acuérdate de mi paciente, Robert, que sospechó que no me importaba. Mientras me esperaba en el pasillo prestó atención al momento presente y percibió sus pensamientos y sentimientos de dolor. Antes de estudiar mindfulness, y de la terapia, habría negado rotundamente esos pensamientos y emociones. El mindfulness le dio la opción de mostrarse compasión por estar asustado y sentirse abandonado, en lugar de tragarse los sentimientos de dolor. Esto, a su vez, le concedió la oportunidad de afrontar sus sentimientos hacia mí y sentirse, en consecuencia, más conectado conmigo.

Reflexión:
Analizar la hostilidad contra ti mismo

Este ejercicio te ayudará a ser consciente de tu tendencia a tratarte con hostilidad cuando estás en modo de búsqueda de aprobación ajena, para que en vez de eso puedas empezar a ejercitar la autocompasión. Regálate unos minutos de meditación de bondad amorosa, como se describe en el capítulo 7. Luego, procurando no analizar demasiado las cosas, reflexiona sobre las cuestiones señaladas a continuación (inspiradas por Neff 2011). Observa los pensamientos que te vengan a la cabeza y anótalos en tu diario:

- *¿Qué pasa en tu fuero interno cuando te vuelcas para complacer a alguien? ¿Juzgas tus acciones o te juzgas a ti mismo con dureza para asegurarte de que haces las cosas bien? ¿Te produce tensión aspirar a la perfección? ¿Qué te dices a ti mismo? ¿En qué sentido te tratas con hostilidad? ¿Ignoras tus propias necesidades? ¿Qué notas en el cuerpo?*

- *¿Qué pasa en tu fuero interno cuando crees que alguien no te aprueba o no aprueba lo que has hecho? ¿Qué te viene a la cabeza? ¿Cómo te hablas a ti mismo? ¿Empleas un tono de voz hostil? ¿Qué sensación te produce eso en el cuerpo?*

Bondad hacia uno mismo

Un elemento clave de la autocompasión es la bondad hacia uno mismo (Kneff 2011), la práctica de ser afectuoso y comprensivo contigo mismo en cualquier momento, pero, en el contexto que nos ocupa, especialmente cuando te estancas en un modo de búsqueda de aprobación ajena habitual. Cuando practiques el mindfulness, y sobre todo después de la reflexión anterior, quizá notes la hostilidad con la que te tratas en semejantes ocasiones. Teniendo en cuenta que imitamos las críticas de nuestros padres, y que el perfeccionismo y los sentimientos de demérito y rabia tienden a ir de la mano de la búsqueda crónica de aprobación ajena, no es de extrañar que te trates con hostilidad. Sin embargo, la hostilidad no hace más que aumentar tu sufrimiento. La bondad hacia uno mismo es una forma de disipar esa hostilidad, permitiéndote darte apoyo en el momento. Es un gran paso hacia la sanación de la herida infantil que produce la búsqueda habitual de aprobación, así que ten presentes la paciencia y la bondad aunque te parezca que no eres bondadoso contigo mismo.

Entender los orígenes de tu búsqueda habitual de aprobación y ver que no es tu culpa puede ayudarte a mostrarte bondad. Por ejemplo, la incapacidad de decir «no» se deriva de la necesidad de complacer a tus padres en un intento por recibir aceptación de pequeño. Cuando prodigas una comprensión bondadosa hacia tu persona y tu incapacidad para decir «no», la herida original empieza a sanar. Puede que te digas: «Es normal que cueste decir "no". No es fácil sentir eso». Ser bondadoso contigo mismo te brinda la oportunidad de sentir realmente la calidez de la comprensión y la aceptación bondadosas que anhelabas. En palabras de John Welwood, psicoterapeuta y pionero en la integración del trabajo psicológico y espiritual: «Aunque a menudo tratas de conseguir que otros te entiendan, la comprensión que más sana es la tuya propia» (2006, 117). Parte de la bondad hacia uno mismo consiste en soltar la hostilidad cuando te percates de que no estás siendo bondadoso contigo mismo.

Reflexión:
Analizar tus creencias sobre la bondad hacia uno mismo

Relájate poco a poco practicando unos minutos de respiración mindfulness. Luego reflexiona sobre tus creencias respecto a la bondad hacia uno mismo. Cuando eras pequeño, ¿qué hacían tus principales adultos de referencia cuando no les complacías? ¿Qué pasaba cuando no seguías sus normas ni colmabas sus expectativas? ¿Te criticaban con dureza o te decían que eras mala/o? ¿Te negaban su amor o te ignoraban? ¿Sentías que no te querían, que eras indigno o que algo fallaba en ti? ¿Qué aprendiste que incida en el modo en que te tratas cuando no estás ocupándote de los demás? Dedica un rato a escribir tus pensamientos en tu diario. ¿Entiendes que el origen de tu búsqueda crónica de aprobación ajena no es tu culpa? ¿Eres capaz de prodigarte una comprensión bondadosa? Si no, prueba a brindarte comprensión bondadosa por no ser capaz de hacerlo.

Es posible que la bondad hacia uno mismo parezca imposible si tienes profundamente arraigada la creencia de que no te aman ni eres digno de ser amado. Con estas creencias no solo no se te ocurrirá ser bondadoso contigo mismo, sino que probablemente tiendas a creer que más bien mereces hostilidad o un insulto. Por añadidura, la idea de que tienes que ser duro contigo mismo a fin de complacer a otros dificulta la bondad hacia uno mismo. Tal vez pienses que si esta hostilidad disminuye, te convertirás en un inepto.

Todas estas creencias generan pensamientos y sentimientos negativos compulsivos de vergüenza y demérito, dificultando la clara visión de las interacciones y la resolución de conflictos. La culpa y la vergüenza pueden impedir que te responsabilices de verdad, en lugar de culparte, de acciones que puedan haber causado daños. El ejercicio deliberado de autocompasión es un potente remedio contra todos estos problemas.

Reflexión:
Crear autoafirmaciones compasivas

Kristin Neff (2011) aconseja que te hables con compasión. Este ejercicio, que está inspirado en su método, te ayudará a formular afirmaciones de autocompasión que puedes usar cuando estés tratándote con hostilidad. Echa un vistazo a la siguiente lista e identifica qué afirmaciones te sirven:

- *Siento muchísimo que esto te sea difícil.*
- *Puedo decir «no» sin tener que justificarlo ante los demás. No tengo por qué cuidar siempre de todo el mundo.*

- *No es fácil sentir que no encajo, pero tengo derecho a ser quien soy.*
- *Es duro sentir que no merezco amor, porque me lo merezco.*
- *Nadie es perfecto, ni siquiera yo.*
- *¿Cuál es la mejor manera de cuidar de mí mismo en este preciso momento?*

Anota en tu diario las afirmaciones con las que te has identificado, junto con cualesquiera otras que se te puedan ocurrir y que te lleguen al corazón. Al igual que con tus afirmaciones de bondad amorosa, haz que tu lista sea fácil de usar y tenla a mano para los momentos en que aflore la hostilidad. Guardarla en tu smartphone a modo de nota o imprimirla en un papel bonito es una buena opción.

Práctica informal:
Dedicarte palabras bondadosas

En el día a día, observa los momentos de búsqueda de aprobación ajena. Cuando se produzcan, háblate bondadosamente, usando tus afirmaciones de autocompasión o repitiendo varias veces tus afirmaciones de bondad amorosa del capítulo 7. Sé receptivo a los sentimientos que surjan.

Caricia amorosa

En un retiro de bondad amorosa al que asistí hace unos años me fijé en que otros asistentes tenían una mano sobre el corazón. Yo intenté hacer lo propio y descubrí que era útil como manifestación física de bondad y afecto mientras pronunciaba mis bendiciones. Me ayudó a sentir realmente el amor y la compasión que estaba cultivando.

En pleno momento de búsqueda crónica de aprobación ajena, puedes brindarte esa misma caricia amorosa. El afecto físico hacia ti mismo puede ayudarte a abrirte a las sensaciones físicas de la autocompasión que puede que hayas reprimido durante mucho tiempo.

Práctica informal:
Dedicarte caricias amorosas

Pruébalo ahora: prodígate demostraciones físicas de cariño. Aunque al principio quizá te resulte incómodo, conectar con tu intención de ser bondadoso y luego ensayar una demostración física puede ayudarte a sentir la bondad. Tal vez durante un momento de ansiedad por lo que los demás opinan de ti, puedas brindarte bondad acercando la mano al corazón, abrazándote o acariciándote la cara con las manos. Luego podrías dedicarte unas palabras bondadosas. Es posible que esto requiera cierta práctica, pero con el tiempo serás capaz de valorar tus propias caricias. Deja de intentar sentir algo; en cambio, advierte simplemente los sentimientos que surjan a partir de esta caricia amorosa. En ocasiones hay sensaciones de calidez presentes, y otras veces no.

En cuanto hayas identificado demostraciones amorosas que te resulten naturales, puedes recurrir a ellas cuando te domine la hostilidad contra tu persona. Asegúrate de practicar esto en lugares en los que te sientas a salvo y protegido. Observa cualquier sensación de calidez que surja.

Práctica informal:
Afrontar las actividades cotidianas con ternura

Observa tu actitud mientras realizas las actividades cotidianas. ¿Te arreglas y haces las tareas del hogar con una sensación de tensión y hostilidad, exigiendo eficacia y perfección? ¿Te tratas con dureza al cepillarte los dientes, y los frotas realmente fuerte? ¿Vas de un lado a otro aporreando el suelo? Mientras observas ejercita la bondad y la ternura hacia ti mismo y la actividad, aflojando y soltando la tensión.

Humanidad compartida

En vista de tus tendencias complacientes, probablemente haya ocasiones en que crees que tienes que ganarte el amor de la gente o sientes que has fracasado en el intento. Estas experiencias seguramente te dejen una sensación de soledad y aislamiento. En esos momentos puedes acordarte de tu humanidad compartida recordándote bondadosamente que todos sufrimos y todos tenemos flaquezas, como cuando nos equivocamos o nos sentimos defraudados (Neff 2011).

Como se ha expuesto, todos experimentamos la herida infantil que puede desembocar en el complicado ciclo de búsqueda crónica de aprobación ajena. Tal vez las sensaciones de no ser amado ni digno de serlo, que resultan en esta herida, son lo que genera la profunda sensación de soledad. Con el mindfulness podemos abrirnos al recuerdo de que se trata de una experiencia compartida, lo que deja que nos tomemos nuestro sufrimiento de forma menos personal y hallemos consuelo en el hecho de que los demás también experimentan esto.

Durante una clase de meditación que impartí a docentes en un gran hospital universitario, hablamos de nuestra humanidad compartida. Luego, en el transcurso de una práctica meditativa de grupo contemplé a los participantes y vi que el gesto torcido de una mujer se suavizaba y desaparecía gradualmente. Tras la meditación refirió que había empezado la meditación molesta consigo misma por haber herido los sentimientos de otra persona, pero luego reflexionó sobre nuestra humanidad compartida y le reconfortó pensar en todas las personas que habían hecho cosas similares y se habían sentido así.

Dado que la búsqueda crónica de aprobación ajena pasa por aspirar a ser perfecto, recordar que todos tenemos flaquezas puede contribuir a que te aceptes tal como eres. Para aceptar tus debilidades hace falta coraje, especialmente si el perfeccionismo ha sido un mecanismo importante para intentar que los demás te quieran. Con el mindfulness puedes ayudarte a aceptar tu humanidad e impulsar tu viaje hacia la liberación de la búsqueda compulsiva de aprobación.

Reflexión:
Explorar tu humanidad compartida

Relájate practicando la respiración mindfulness durante unos minutos. A continuación reflexiona sobre las preguntas planteadas a continuación. Observa los pensamientos que te vienen a la cabeza y anótalos en tu diario.

- *Trae a la memoria unos cuantos momentos de búsqueda de aprobación ajena que recuerdes con bastante claridad. ¿Te sentiste aislado o solo? ¿En qué parte del cuerpo notaste esa sensación de aislamiento?*
- *¿Qué aspectos de la búsqueda crónica de aprobación te producen los mayores sentimientos de soledad y aislamiento? ¿Te preocupa no caerle bien a alguien? ¿Te hundes cuando no recibes la aprobación que buscas?*

- *Ahora, al recordarlos, ¿cómo reaccionas a los sentimientos de soledad? Durante varios minutos prueba a reconocer el sentimiento de aislamiento y dejar que esté presente. Practica el proceso RAIN con el sentimiento. ¿Qué ocurre?*
- *Reflexiona sobre las siguientes afirmaciones de autocompasión, que guardan relación con nuestra humanidad compartida:*
  - *Todo el mundo comparte la herida del corazón que conlleva el sufrimiento que ahora experimento.*
  - *Como todo el mundo sufre igual, tal vez no haga falta que me tome esto tan a la tremenda.*
  - *Mucha gente se considera culpable de lo que ocurre. No estoy solo.*
  - *Nadie es capaz de complacer constantemente a los demás.*

RESUMEN

El mindfulness, la bondad hacia uno mismo y percibir la humanidad compartida pueden ayudarte a cultivar la autocompasión. Tu autocompasión aumentará en la medida en que continúes practicando las meditaciones de mindfulness y de bondad amorosa. Todas las prácticas informales de este capítulo también te servirán. Te ruego que tengas presente que la autocompasión es una práctica gradual que requiere paciencia y perseverancia. En algunos momentos serás capaz de brindarte compasión y en otros caerás en la hostilidad y el desprecio hacia ti mismo. Sin embargo, si sigues recordándote tus intenciones de autocompasión y confiando en la naturaleza progresiva de esta práctica, podrás orientar tu corazón hacia la autocompasión y ejercitarla con más constancia. Cuando hallas consuelo en tus propios brazos te regalas el amor que llevas tanto tiempo buscando y alivias el miedo que alimenta el ciclo de búsqueda crónica de aprobación ajena.

10

Vivir con intención, corazón y sentido

Hace falta valor para desprenderse de viejas conductas y probar otras nuevas, sobre todo cuando las viejas se derivan de creencias basadas en el miedo que alimentan la búsqueda de aprobación ajena. Puedes encontrar la valentía que necesitas en la práctica del mindfulness y la bondad amorosa. Acceder a tus valores e intenciones más sinceros también es útil. Saber cómo quieres ser y actuar en un momento dado y adquirir el compromiso de vivir de acuerdo con esos valores e intenciones te ayudará a elegir conductas adecuadas para ti.

Este capítulo explora las intenciones y ofrece prácticas y reflexiones que te ayudarán a armonizar tu vida con tus valores. Es un paso clave para liberarte de viejos patrones de conducta. Después de vivir durante años acomodándote a los deseos de los demás, puedes recuperar tu vida y seguir tu propio camino.

INTENCIÓN

En capítulos anteriores empezaste a trabajar en la creación de nuevas intenciones. Ahora retrocederemos un paso para analizar qué son exactamente las intenciones, y cómo pueden ayudarte a cambiar algunas de tus conductas y vivir la vida con más corazón y sentido. Si bien la palabra «intención» tiene varias acepciones, en este contexto significa cómo queremos actuar o ser en el momento presente. Podemos fijar nuestra atención y nuestra voluntad en las intenciones a fin de actuar de acuerdo con lo más preciado y relevante de nuestros corazones.

Las intenciones reflejan lo que quieres que tu vida simbolice. Tener claras tus intenciones puede ayudarte a vivir en consonancia con tus valores, dirigiendo con sensatez tus acciones momento a momento. Por ejemplo, si tienes la intención de estar presente y conectado, tu percepción de esa intención podría ayudarte a hacer una pausa y recibir a tu pareja cuando entre en casa, en lugar de ir de aquí para allá adoptando conductas de búsqueda de aprobación ajena.

Nuestras intenciones más profundas son lo único en la vida en lo que realmente tenemos voz y voto. Muchas cosas escapan a nuestro control, pero recordar nuestros valores y actuar en consonancia con ellos nos ayuda a mantener el rumbo cuando las tormentas de reactividad amenazan con sacudirnos. En *Dancing with Life: Buddhist Insights for Finding Meaning and Joy in the Face of Suffering* (titulado *Bailando con la vida: intuiciones budistas para hallar sentido y alegría frente al sufrimiento* en su versión en castellano), Phillip Moffitt dice: «La intención es el eje central que te permite bailar con la vida» (2008, 229). La práctica del mindfulness puede ayudarnos a avanzar y fluir con la vida, y responder de acuerdo con nuestros valores en lugar de reaccionar de manera impulsiva.

BÚSQUEDA CRÓNICA DE APROBACIÓN AJENA, INTENCIONES Y CONDUCTAS SIGNIFICATIVAS

Como la herida infantil y el ciclo de búsqueda crónica de aprobación producen una desconexión del yo, es comprensible que quizá no conozcas tus intenciones más profundas o no estés en contacto con ellas. Cuando estás centrado al máximo en lo que los demás quieren es casi imposible discernir lo que es verdaderamente importante y significativo para ti, y no digamos actuar de acuerdo con ello. Seguramente recuerdes numerosas ocasiones en las que actuaste de un modo no acorde con tus valores en un intento de que los demás te aceptaran.

Estés o no conectado con tus valores e intenciones, siempre estás tomando decisiones sobre cómo comportarte en el momento presente. Lamentablemente, el deseo de evitar experiencias dolorosas tales como la ansiedad o la sensación de inutilidad suele tener prioridad sobre la actuación desde la sabiduría y la intención del corazón (Roemer y Orsillo 2009). Por ejemplo, puede que valores la honestidad y la autenticidad pero que, en un intento por evitar la ansiedad, reacciones huyendo del conflicto, diciendo «sí» en vez de «no». En ese caso, la reacción de alejarte de las emociones difíciles te distancia de tus valores y tu sabiduría interior, perpetuando asimismo el ciclo de búsqueda crónica de aprobación.

Una vez más, lo que empezó como un modo de obtener amor y aceptación, y evitar el sufrimiento, de manera paradójica ha producido otro tipo de sufrimiento. A medida que te vas separando de lo que es significativo y valioso en tu vida perpetúas la desconexión de ti mismo y acabas con resentimiento, rabia o sintiéndote abatido. Además, no caes en conductas que podrían ayudarte a reencontrarte contigo mismo, como el cuidado personal, la autocompasión o dejarte llevar por la verdad de tu corazón. Todo esto intensifica la tendencia a no actuar desde tus valores e intenciones.

Cuando me gradué como contadora pública autorizada para intentar complacer a mi padre no actué en consonancia con lo que sentía en mi corazón. Me dejé llevar por el miedo a que no me quisieran. Posteriormente sentí tristeza, rabia y abatimiento por no haber seguido el camino que yo consideraba adecuado para mí. Gracias al mindfulness y la psicoterapia descubrí la libertad para dejarme llevar por el corazón y cambiar de profesión. Tú también puedes encontrar la libertad para actuar en función de lo que verdaderamente sea más significativo para ti.

Práctica informal:
Aplicar las intenciones a las conductas habituales de búsqueda de aprobación ajena

Repasa tu lista de conductas de búsqueda de aprobación ajena del capítulo 3 y añade cualquier otra que se te haya ocurrido desde que la has hecho. Luego, al inicio de la jornada, elige una conducta para explorarla. Si en algún momento del día notas el impulso de adoptar esa conducta, haz una pausa, inspira y pregúntate: «¿Qué es lo que importa ahora mismo? ¿Cuál es mi intención en este momento?» Supongamos que quieres analizar tu conducta de lanzarte a ayudar sin saber si realmente es necesario, y que tienes la intención de estar presente y ser libre. Cuando notes el impulso de lanzarte a echar una mano, podrías parar, inspirar y recordarte tus intenciones. Esto puede ayudarte a dejar que los demás tengan la libertad de solicitar ayuda si la necesitan.

Equilibrar intenciones y objetivos

Las intenciones se diferencian bastante de los objetivos, y saber en qué difieren puede ayudarte a estar en el momento y vivirlo con sentido. Las intenciones hacen referencia a *cómo* queremos ser y actuar momento a momento. Los objetivos son cosas específicas que queremos conseguir o hacer realidad en el futuro.

Los objetivos suelen reflejar un deseo saludable de aliviar nuestro sufrimiento. Pueden ayudarnos a organizarnos la vida y hacer cosas. Marcarse y perseguir objetivos positivos concretos, asequibles y anclados en nuestros valores e intenciones puede ayudarnos a ser productivos y experimentar menos estrés en general.

Pero si los objetivos se apoderan de nosotros, normalmente pasamos mucho tiempo en cierto futuro imaginado que puede que ni siquiera llegue a ocurrir. Esta orientación al futuro puede conllevar ansiedad e insatisfacción por no haber alcanzado todos nuestros objetivos. Además, perdemos contacto con el ahora y nuestras intenciones de cómo queremos ser y actuar en *este* momento. Soltar nuestro apego a los objetivos, centrándonos en lo que importa en el momento, puede ayudarnos a relajarnos en el aquí y ahora y a discernir lo que sea menester. No tenemos que deshacernos de nuestros objetivos, pero tenemos que encontrar más equilibrio en la vida, tomando decisiones conscientes acerca de lo que es importante en el momento presente.

Mindfulness e intenciones

Además de ayudarnos a sintonizar con nuestros valores e intenciones, el mindfulness fomenta la conciencia plena, la compasión y la receptividad, lo que puede incidir en lo que valoramos. Empezamos a dar valor a la presencia momento a momento y a soltar parte de la lucha con la vida. Empezamos a dejar gradualmente de centrarnos en los demás para prestar atención más a menudo a nuestra experiencia interior. Esto, combinado con los destellos de nuestra belleza interior y una conexión más profunda con el cuerpo y las emociones, nos ayuda a valorarnos a nosotros mismos y nuestra sabiduría, lo que nos permite albergar intenciones y conductas que estén en consonancia con ella. Las intenciones que suelen aflorar a través de la práctica del mindfulness son: no herir; afrontar la vida con conciencia plena, amor y compasión; abrirnos a nuestra experiencia desprendiéndonos de la aversión y el aferramiento, y valorar toda experiencia, incluso la que sea dolorosa.

Reflexión:
Analizar tus valores e intenciones

Esta reflexión te ayudará a analizar qué es lo más importante para ti y a formular intenciones que reflejen tus valores más profundos. Primero, relájate poco a poco con unos minutos de respiración mindfulness. Luego repasa la siguiente lista de valores, una adaptación autorizada de *Nonviolent Communication Companion Workbook* (Leu 2003), [Guía práctica de la comunicación no violenta], e identifica las necesidades o valores que te hablen al corazón. Hay infinidad de valores potenciales, pero esta lista es un gran punto de partida:

- **Conexión:** *aceptación, afecto, valoración, pertenencia, cercanía, comunicación, comunidad, compañerismo, compasión, coherencia, contribución, cooperación, empatía, inclusión, intimidad, amor, reciprocidad, alimentar, respeto y respeto por uno mismo, seguridad, protección, estabilidad, apoyo, conocer y que te conozcan, ver y ser visto, entender y que te entiendan, confianza, calidez*
- **Sentido:** *percepción, celebración de la vida, desafío, claridad, competencia, conciencia, contribución, creatividad, descubrimientos, efectividad, eficacia, crecimiento, esperanza, aprendizaje, luto, participación, finalidad, expresarse, estimulación, importar, comprensión*
- **Bienestar físico:** *comida, movimiento y ejercicio, reposo y sueño, seguridad, expresión sexual, cobijo, caricias*
- **Paz:** *belleza, comunión, sosiego, igualdad, armonía, inspiración, orden*

- **Autonomía:** *elección, libertad, independencia, espacio, espontaneidad*
- **Honestidad:** *autenticidad, integridad, presencia*
- **Juego:** *alegría, humor*

Escribe en tu diario todos los valores que sean importantes para ti. Acto seguido reflexiona unos instantes sobre si, al margen de los enumerados aquí, hay alguno más que te parezca importante. Escríbelo también en tu diario.

A continuación repasa todos los valores que has anotado y clasifícalos por orden de relevancia. Después crea intenciones para tu vida basadas en tu lista. Tal vez quieras también incluir algunas de las intenciones que surgen con la práctica del mindfulness anteriormente mencionadas: no herir; afrontar la vida con conciencia, amor y compasión; abrirte a tu experiencia desprendiéndote de la aversión y el aferramiento, y valorar toda experiencia, incluso la que sea dolorosa. Por ejemplo, si tus principales valores son la conexión y la autenticidad, la afirmación de tu intención podría ser: «Mi intención es fomentar la conexión con los demás sin dejar de ser exactamente quien soy».

Permanece unos minutos tranquilo y deja que tu corazón sienta la trascendencia de estas intenciones. Comprométete a permitir que incidan en tu vida. Al igual que con tus listas de afirmaciones de bondad amorosa y autocompasión, ten a mano tu lista de intenciones guardándola en tu smartphone o imprimiéndola en un papel bonito.

Práctica informal:
Armonizar con tus intenciones

Al inicio de la jornada consulta tu lista de intenciones y deja que resuenen en tu interior. Comprométete a regirte por ellas lo mejor que puedas a lo largo del día, especialmente en los momentos de búsqueda de aprobación ajena, al tiempo que entrenas la paciencia y la compasión hacia ti mismo. Aunque no logres armonizar tus conductas con tus intenciones, puedes igualmente aprender de tu experiencia y la nueva percepción de tus conductas te ayudará a tomar otras decisiones en el futuro. Recordarte a diario tus intenciones hará que se vayan consolidando con el tiempo.

Práctica informal:
Prestar atención al apego a los objetivos

Durante el día fíjate en si tu atención está centrada en un objetivo, especialmente si este implica complacer a los demás. Fíjate en lo que pasa si te dejas absorber por el objetivo. Observa si adelantas acontecimientos, abandonas el momento o te obsesiona que las cosas vayan como «tienen que ir». Advierte todo esto y, en el momento presente, pregúntate: «¿Qué es lo que importa ahora mismo?» ¿Puedes dejar de luchar y adaptarte a tu intención en aquello que esté bien en este momento? Aunque el objetivo te absorba de nuevo, recordar una intención contribuirá a consolidarla con el paso del tiempo, permitiéndote actuar con intencionalidad en el futuro.

El objetivo de la búsqueda crónica de aprobación ajena es, como su propio nombre indica, obtener aprobación y es evidente que caemos en eso. Si eres capaz de estar presente y notar la atracción de ese objetivo, hacer una pausa para inspirar y abordar la situación con plenitud de conciencia puede ayudarte a acceder a las intenciones de honestidad y autenticidad, y posiblemente alejarte del falso avenimiento a los demás simplemente para caerles bien.

CONCIENCIA PLENA DEL PRESENTE

Para desarrollar el mindfulness empezamos con prácticas de foco tipo láser, como la respiración mindfulness. Estas meditaciones dirigidas nos ayudan a aumentar la concentración y la atención continuada. Con el tiempo, el foco se amplía incorporando más nuestra experiencia del momento presente. A la larga, prescindimos de cualquier foco concreto de atención y, anclados en la respiración, observamos el flujo de nuestra experiencia, abrazándolo todo con una conciencia plena bondadosa e independiente. Este tipo de meditación es conocida como conciencia plena del presente.

La práctica de la conciencia plena del presente nos invita a estar completamente receptivos a cualquier experiencia que se presente: pensamientos, sentimientos, sonidos o sensaciones. Sencillamente hallamos reposo en la conciencia plena de estas experiencias, sin elegir, combatir ni fomentar ningún objeto de percepción concreto. Puede que la conciencia plena del presente te parezca que es simplemente estar contigo mismo. Con la práctica podrás observar que las experiencias vienen y van como si fueran burbujas que flotan en tu conciencia y luego se alejan o revientan.

La práctica del mindfulness nos ayuda a experimentar que nuestra conciencia está separada de los objetos de nuestra conciencia plena. Es comparable a una linterna que puede iluminar un montón de basura o una flor. Ni la basura ni la flor alteran el haz de luz de la linterna; esta simplemente los ilumina. De igual modo, los pensamientos, sensaciones o sentimientos no alteran la luz de la conciencia plena. Hallar reposo en la conciencia plena nos ayuda a ser testigos compasivos de todas las experiencias de nuestras vidas, sean alegres o dolorosas.

Ejercita la paciencia y la no evaluación con esta meditación. Puede que al principio parezca difícil, porque no tiene ningún foco específico de atención. Si eres nuevo en esto lo suyo es practicar la conciencia plena del presente solo durante unos minutos. Con el tiempo puedes ir incrementando el tiempo que dedicas a la conciencia plena del presente, que pasa a ser una práctica bonita y apetecible.

Práctica formal:
Meditación de conciencia plena del presente

Ahora haz una pausa para practicar la meditación de conciencia plena del presente de diez a quince minutos en total. Con el tiempo puedes prolongar la duración de esta práctica. (En www.livingmindfully.org/ ntp.html hay una grabación de audio de esta meditación, por si quieres usarla a modo de guía.)

Empieza la práctica en una posición sedente digna, estable y cómoda. Practica la conciencia plena de tu respiración u otro aspecto de tu experiencia, como las sensaciones o sonidos, durante varios minutos.

Cuando creas que estás preparado suelta cualquier objetivo de la conciencia plena. Deja que esta se abra a todo lo que surja en tu experiencia: sensaciones, sonidos, pensamientos, emociones... Simplemente acompáñala, alerta y consciente de tu experiencia sin intentar forzar nada. Prueba a soltar cualquier expectativa o esfuerzo por aferrarte o librarte de algo. Cuando adviertas que ya no estás en el momento presente puedes hacer dos cosas: centrarte unos instantes en la respiración y luego pasar a la conciencia plena del presente o simplemente volver a la conciencia plena del presente.

Cuando acabes esta meditación, abre suavemente los ojos si los tienes cerrados y dirige tu atención a lo que ves a tu alrededor. Date cierto tiempo para volver a centrarte, lenta y gradualmente, en el libro o lo que sea que te espere ahora.

INCORPORAR LAS INTENCIONES A TU VIDA

Explorados tus valores e identificadas y priorizadas algunas intenciones, ahora puedes plantearte cómo incorporarlas a la vida poniéndolas en práctica. Tras años intentando actuar de acuerdo con los deseos de los demás, puede que esto suponga un reto. Sin embargo, a través de la práctica del mindfulness puedes encontrar claridad, ausencia de reactividad y coraje para actuar en función de tus intenciones. Entonces podrás experimentar menos reactividad a la ansiedad que quizás aparezca cuando te plantees nuevas conductas tales como decir «no» o manifestar lo que piensas cuando normalmente coincidirías con los demás.

Cuando te propongas poner en práctica tus intenciones fíjate en que ya tienes experiencia en esto. De hecho, probablemente hayas actuado de acuerdo con ellas aunque no te lo pareciera. Tal vez preferirías comerte una hamburguesa con patatas, pero como valoras la salud sueles elegir platos más ligeros. Tal vez preferirías salir a comer fuera, pero como valoras la austeridad normalmente comes en casa. De modo que sabes actuar en consonancia con tus intenciones basadas en tus valores. Evidentemente, puede que hacerlo para liberarte de la búsqueda crónica de aprobación ajena cueste más, debido al miedo asociado y la naturaleza duradera de este ciclo. Recuerda que la práctica del mindfulness puede ayudarte a hallar la libertad para actuar conscientemente y no de manera reactiva.

Digamos que tu objetivo es actuar con asertividad compasiva en consonancia con tus valores de honestidad, integridad y compasión, pero cuando piensas en abordar un problema concreto con alguien aparece la ansiedad. Quizá pienses cosas como: «Haré como si no pasara nada» o «¡No es para tanto! En realidad el problema no es grave». No sería de extrañar, especialmente si eres bastante nuevo en esto de ser asertivo.

En el momento en que se te quiten las ganas de abordar el problema, ciertas prácticas de mindfulness pueden ayudarte a actuar con intencionalidad. Incluso algo tan sencillo como bajar el ritmo, inspirar y estar presente.

A estas alturas del libro seguro que habrás experimentado que la respiración consciente puede ser como hallar un puerto en la tormenta de la reactividad. Puede ayudarte a reconocer y soltar el forcejeo con los pensamientos, sentimientos y sensaciones, y desligarte más de ellos; de lo contrario, lo más seguro es que tus pensamientos y emociones gobiernen tus acciones. Mostrando asertividad, puedes aliarte con tus emociones y entrenar la autocompasión, lo que te permite tener presentes tus intenciones. Este es el momento en el que realmente tienes alternativas y puedes actuar desde el corazón.

HISTORIA DE ADRIANA

Adriana, un mando intermedio de cuarenta y dos años y estudiante de mindfulness, estaba haciendo la cena cuando se sintió cada vez más nerviosa; ostensiblemente malhumorada, al parecer sin ningún motivo concreto. Hizo una pausa para sintonizar con sus pensamientos y se dio cuenta de que la preocupación por lo que su jefe pudiera pensar de ella estaba dando vueltas en algún rincón de su mente. Había hecho lo posible por complacerlo a fin de obtener un ascenso, pero creía que aquel día le había hecho enfadar. Su mente daba vueltas a pensamientos como: «Cree que soy lo peor», «Ahora no me darán el ascenso», «Me va a despedir» y «Qué estúpida soy». Había emprendido un viaje orientado al futuro en el que no conseguía el ascenso que podría proporcionarle más autonomía y valerle la aprobación ajena. Intentó ahuyentarlo todo, pero cada vez estaba más nerviosa y preocupada.

Cuando notó el cuerpo tenso se centró en el momento presente, inspiró y se percató de que se habían apoderado de ella la ansiedad y su viejo hábito de desvivirse por complacer a los demás. Ahí, respirando, se fijó en los pensamientos y sentimientos de búsqueda de aprobación ajena que tan familiares le resultaban y en cómo se alimentaban recíprocamente. Probó a etiquetar sus pensamientos y observar sus emociones usando el proceso RAIN: reconocer, aceptar, investigar y no identificarse. De esta forma interrumpió su ciclo habitual de pensamientos y problemas de búsqueda de aprobación ajena. Eso le permitió cuidarse con determinación, y recordar sus intenciones de vivir en el presente y recibir las experiencias con receptividad y compasión a la vez que siendo más asertiva.

En lugar de que se apoderaran de ella la preocupación y la hostilidad, que normalmente solían prolongarse toda la noche, se calmó con sus propias palabras bondadosas: «Querida, estás sufriendo. Todos cometemos errores. ¿Cuál es la mejor manera de cuidar de mí misma en este preciso instante?» Entonces decidió que a la mañana siguiente, cuando realmente pudiese hacer algo con respecto a sus inquietudes, hablaría con su jefe, aunque normalmente evitaba cualquier conversación sobre su relación profesional con él. Una vez que se hubo decidido, fue capaz de dirigir su atención a la sensación de trocear las zanahorias y del dulce aroma de estas mientras se hacían.

La angustia y la hostilidad volvieron aquella noche y en ocasiones se apoderaron de Adriana, pero en general encontró el valor para reconectar con sus intenciones más profundas de estar presente en el momento y ser compasiva y bondadosa consigo misma. Esto le dio la tranquilidad mental y espiritual que necesitaba para dormir bien y estar serena a la mañana siguiente para hablar con su jefe.

La ansiedad de Adriana era fruto del miedo a que su jefe dejase de valorarla y de su focalización en la posibilidad de no alcanzar su objetivo. Estando presente descubrió un puerto en la tormenta de su angustia, y conectando con sus intenciones encontró un timón para dirigir su rumbo. Siguió manteniendo como objetivo el ascenso, pero dejó de estar apegada a él y decidió vivir con serenidad al margen de lo que sucediera. Evidentemente, no obtener el ascenso sería decepcionante, pero si llegaba a pasar, incluso esa decepción podría afrontarla con conciencia plena y bondadosa y reaccionar en consonancia con su intención de aceptarse a sí misma y tratarse compasivamente.

Reflexión:
Explorar conductas intencionales

Las psicólogas Lizabeth Roemer y Susan Orsillo (2009) proponen explorar de qué manera la ansiedad obstaculiza las conductas intencionales, provocando que las evites y actúes, por contra, en desacuerdo con tus valores. Esta reflexión te ayudará a hacer precisamente eso.

Tal vez te apetezca consultar la lista de intenciones que has elaborado en otro momento de este capítulo y tu lista de conductas complacientes del capítulo 3, así que asegúrate de tener ambas a mano. Relájate poco a poco practicando la respiración mindfulness durante unos minutos. Luego reflexiona sobre las preguntas que hay a continuación. Observa los pensamientos conforme te vengan a la cabeza y anótalos en tu diario:

- *¿De qué manera ha repercutido la búsqueda de aprobación ajena en tu predisposición o habilidad para comprometerte con tus intenciones y sabiduría interior?*
- *¿Qué conductas has evitado por miedo a ser rechazado o no sentirte amado? ¿Qué conductas has evitado porque sentías que carecías de valía o creías que no merecías amor? ¿Qué consecuencias tiene esta evasión? ¿Cómo te ha afectado?*
- *¿Cómo te has comportado para intentar obtener aprobación o evitar sensaciones de ansiedad? Tal vez quieras consultar tu lista de conductas de búsqueda crónica de aprobación. ¿Cuáles son las consecuencias de estas conductas?*

Ahora tómate unos instantes para imaginarte cómo actuarías si te liberases un poco de la búsqueda de aprobación ajena y vivieras más en consonancia con tus valores e intenciones:

- *¿Qué conductas te ayudarían a cuidarte mejor?*
- *¿Qué conductas te ayudarían a cuidar de los demás sin perderte en el proceso?*
- *¿Qué actividades o conductas harían tu vida más alegre y la dotarían de más sentido?*
- *¿Qué conductas respaldarían tu práctica del mindfulness?*

A continuación te propongo algunas conductas que quizá quieras tener en cuenta:

- *Dedicar cada día un rato a la práctica de la meditación mindfulness*
- *Hacer una pausa de vez en cuando para inspirar, observar compasivamente tu experiencia y vivir la vida con plenitud*
- *Hacer una pausa y recordar intenciones que pueden ayudarte a decidir lo que importa en el momento*
- *Ejercitar la autocompasión y la paciencia contigo mismo cuando te veas inmerso en la búsqueda de aprobación ajena*
- *Fijarte en el impulso reactivo de lanzarte a ayudar, y luego hacer un alto para analizar tus opciones*
- *Abordar los problemas con los demás de forma compasiva*
- *Decir que no cuando quieras o necesites decirlo*
- *Manifestar tu opinión aunque discrepe de la de los demás*
- *Llevar adelante intenciones que reflejen tus más nobles valores*
- *Actuar con autenticidad en lugar de ser siempre «simpático»*
- *Ejercitarse en el cuidado diario personal*
- *Dejar de culparse a uno mismo cada vez que algo se tuerce*
- *Relacionarse con los demás de forma auténtica*

Después de repasar tus intenciones y tus respuestas a las preguntas de esta reflexión, haz una lista de las conductas que te gustaría cultivar en la vida.

TRABAJAR CON LAS INTENCIONES Y LAS CONDUCTAS

Ahora que has esclarecido tus valores, priorizado tus intenciones e identificado las conductas que te gustaría cultivar, estás en mucho mejores condiciones para tomar decisiones que estén en consonancia con tus valores. Naturalmente, cambiar hábitos no es fácil, sobre todo aquellos asociados con un patrón de tratar de complacer a los demás que ha durado toda la vida. Los siguientes apartados ofrecen algunos consejos para ayudarte a fomentar nuevas conductas incorporando en el proceso el mindfulness, la intención y la compasión.

Empezar despacio

Empieza despacio para no agobiarte. Si no lo has hecho ya, date una semana aproximadamente para aflojar un poco el ritmo y simplemente observar tus conductas de búsqueda de aprobación sin intentar modificar nada. Puede que parezca un paso pequeño, pero únicamente observar tu conducta te ayuda a tomar cierta distancia de tu experiencia. Quizá también te ayude a fijarte en cualquier ansiedad que subyazca a tus comportamientos y detectar situaciones en las que más adelante puedas ejercitar conductas intencionales.

Como las cosas tienden a ir mejor cuando estamos descansados, saciados y relativamente cómodos, es importante que te cuides. Empieza a probar tus nuevas conductas intencionales cuando te encuentres bien y no cuando estés cansado o con un trastorno físico o emocional. A medida que adquieres experiencia con una nueva conducta puedes proceder a aplicarla en otros momentos.

Intentar implementar tu lista entera de nuevas conductas intencionales probablemente sea pedirte demasiado, aun en un buen día. Trabajar las conductas de una en una puede eliminar la presión. Elige una conducta que parezca relativamente fácil, experimenta con ella y luego pasa a las demás.

Cuando cultivas nuevas conductas intencionales lo suyo es practicarlas en situaciones más fáciles primero y con el tiempo ir pasando a escenarios más complicados. Por ejemplo, decirle al dependiente del supermercado que te ha cobrado de más quizá sea emocionalmente menos desafiante que negarse a ayudar a un amigo al que jamás le has dicho que no.

Entrenar la paciencia y la autocompasión

Siempre, pero especialmente cuando empieces a ejercitar conductas intencionales, es importante entrenar la autocompasión y la paciencia. Esto puede ayudarte a sentirte menos presionado y más dispuesto a estar presente para analizar lo que importa en el momento.

Detenerse antes de actuar

Cuando notes la influencia de pensamientos y sentimientos de búsqueda de aprobación ajena detente para inspirar y aflojar el ritmo. Este alto en la acción te permite cierto espacio entre el estímulo (pensamientos y sentimientos complacientes) y tu respuesta conductual. Esta pausa puede contribuir a que te acuerdes de trabajar hábilmente tus emociones, ejercitar la autocompasión y sintonizar con tus intenciones, y eso te dará más libertad para actuar de acuerdo con tus intenciones y no las sensaciones de ansiedad que puedan surgir en el momento.

Desprenderse de las expectativas

Con cualquier conducta, especialmente con las nuevas, observa y despréndete de todo juicio e idea preconcebida que tengas sobre el resultado potencial de la conducta. Tus expectativas pueden influir en tu verdadera adopción de una conducta y en cómo lo hagas. Si, por ejemplo, crees que alguien te odiará si te defiendes, puede que nunca lo hagas o lo hagas solo a medias. Si, por otra parte, crees que tu conducta cambiará en el acto las cosas a mejor, puede que te presiones demasiado o te esfuerces con demasiado ahínco, o puede que te lleves un chasco cuando los resultados no estén a la altura de tus expectativas y que, en consecuencia, tires la toalla sin haberle dado a la nueva conducta la oportunidad que merece.

Adopta una actitud de «vamos a ver qué pasa» y trata de pensar en tus acciones como experimentos. Cultivar una sensación de exploración y curiosidad puede ayudarte a mantener la mente receptiva, minimizar la resistencia y estar más dispuesto a probar conductas que normalmente conllevan ansiedad. A medida que vayas experimentando nuevas conductas es posible que la sensación de exploración y curiosidad haga más interesante su adopción.

Volver a empezar

Si bien el mindfulness puede contribuir en gran medida al ejercicio de nuevas conductas, inevitablemente habrá ocasiones en que caigas en conductas antiguas y automáticas de búsqueda de aprobación. Incluso quienes practican el mindfulness con regularidad pasan mucho tiempo con el piloto automático puesto, expuestos al vaivén de pensamientos y sentimientos reactivos, que tienden a conducir al comportamiento habitual. En otras palabras, aun con la práctica intensa del mindfulness habrá muchas veces en que no harás una pausa, no respirarás correctamente, no conectarás con tus intenciones ni actuarás con intencionalidad.

Por ejemplo, digamos que estás en una fiesta y quieres la aprobación de tu anfitrión y los demás invitados. Tal vez esto suscite muchos pensamientos y sentimientos de búsqueda de aprobación ajena y quizá te veas profundamente centrado en obtener la aprobación de todo el mundo. Es posible que también te sorprendas lanzándote a ayudar sin preguntar. Luego, al recordar tus intenciones, puede que pienses que tienes algún problema porque no has sido capaz de ser auténtico con los demás ni de preguntar a tu anfitrión si necesitaba ayuda. Además, quizá te produzca frustración lo que consideras un lento avance hacia la liberación de la búsqueda crónica de aprobación ajena. Teniendo en cuenta este fracaso imaginado, tal vez te trates con hostilidad y pienses: «Soy incapaz de conseguirlo» o «No sirvo para nada». Es importante entender que de vez en cuando todos nos equivocamos. No te lo tomes a la tremenda ni te rindas.

El momento en que te das cuenta de que no has actuado en consonancia con tus intenciones es un momento de conciencia plena. No importa qué conducta intencional no has seguido ni cuánto tiempo te has perdido en la reactividad: vuelves a empezar de nuevo. Este es uno de los dones del mindfulness. En todo momento tienes la oportunidad de acceder a tus intenciones profundas para ser consciente, paciente y compasivo contigo mismo, y que el mar de reactividad no te siga sacudiendo. Puedes preguntarte: «¿Cómo quiero ser en este momento?» Y aunque te pierdas en más hostilidad y críticas, puedes volver a empezar.

REFORZAR LAS INTENCIONES CON AUTOCOMPASIÓN

Tratarte con compasión por viejas conductas reactivas basadas en el miedo puede ayudarte a sanar las heridas antiguas que crearon el patrón de conducta. También puede evitar soltar más andanadas autocríticas y hostiles. La autocompasión será más fácil si recuerdas que tus conductas de búsqueda crónica de aprobación ajena, incluyendo la autocrítica, responden a intentos de cuidar de ti mismo. Mediante la práctica del mindfulness y de la bondad amorosa puedes fomentar la habilidad de experimentar una profunda auto-compasión y tratarte con bondad precisamente cuando tu forma de actuar esté en desacuerdo con tus intenciones.

Conforme tu práctica del minfdfulness se consolide con más rapidez, frecuencia y facilidad podrás detectar los pensamientos y sentimientos que accionan las conductas de búsqueda de aproba-ción, incrementando tu habilidad para actuar con intención plena. Además, reforzarás tus intenciones cuando conectes de forma re-gular con ellas. Por añadidura, estar en sintonía con la intención de despertar a tu vida a través del mindfulness establecerá una conexión entre lo que aprendas de este y un modo de vida con verdadera plenitud de conciencia. Esto contribuirá a que tu prác-tica del mindfulness siga siendo vibrante y eficaz.

Práctica informal:
Valorar lo que haces

Cuando adoptes una conducta intencional haz un alto e inspira. Ad-vierte el valor que ha sido necesario para actuar desde el corazón y concédete el don de la compasión al margen de los resultados que se deriven de la adopción de la nueva conducta.

Práctica informal:
Ofrecerte bondad

Cuando no seas capaz de actuar de acuerdo con tu intención, o cuan-do actúes de forma contraria a tus intenciones, haz una pausa, ins-pira y observa tu experiencia interna. Prueba a soltar cualquier juicio y ofrecerte en su lugar bondad y compasión.

RESUMEN

El mindfulness puede contribuir a que te abras a ti mismo y sepas qué es lo que más te importa en esta vida. Con esta lucidez puedes identificar tus valores e intenciones más profundos y usarlos como referencia de cómo quieres ser o actuar en el momento. Luego puedes utilizar la conciencia plena momento a momento para encontrar oportunidades para reconectar con tus intenciones a lo largo del día y armonizar tus conductas con ellas. Cuando conectas con tus intenciones te concedes la libertad de decidir cómo actuar en lugar de reaccionar a los pensamientos basados en el miedo y permanecer inmerso en la búsqueda crónica de aprobación ajena. Actuando en función de tus intenciones, te pones firmemente al mando de tu vida, abriendo la puerta a una vida que vivirás con más alegría y más sentido.

11

Mindfulness para las relaciones difíciles y el conflicto

Volvamos al caso de Chris, que tuvo una revelación en el jardín que le ayudó a encontrar cierta libertad. Con la práctica regular del mindfulness aprendió a sonreírse ante sus pensamientos y adquirió la visión y la fuerza para seguir su propio camino; al tiempo que creaba una relación más afectuosa y equilibrada con su marido, Charles. Este nuevo sendero planteaba sus desafíos, y el mindfulness ayudó a Chris a estar más anclada en el momento a lo largo de ese viaje. Como estos cambios también representaban un desafío para su matrimonio, Chris y Charles tuvieron que aprender a comunicarse con más habilidad. En este capítulo seguiremos parte de ese viaje.

Este capítulo, que se centra en el mindfulness para las relaciones difíciles y la resolución del conflicto, explora cómo ver a los demás y a nosotros mismos con nuevos ojos puede dar pie a relaciones más felices y a minimizar el conflicto. Asimismo engloba diversas prácticas del mindfulness con un enfoque unificado que es útil para cualquier interacción difícil, especialmente el conflicto. En este capítulo el foco seguirá puesto en las relaciones de pareja, pero puedes usar estas propuestas en cualquier relación.

En un matrimonio u otra relación de pareja, tu pareja y tú podéis practicar juntos meditación y las estrategias ofrecidas en este capítulo. Anímala con cariño a practicar contigo, si bien renunciando a todo intento de presionarla para que lo haga. Aunque tu pareja decida no practicar el mindfulness, tu propio trabajo individual puede producir un efecto en cadena capaz de transformar a aquellos que tienes cerca, incluyéndola a ella (Psaris y Lyons 2000).

INTENCIÓN EN LAS RELACIONES

En la búsqueda crónica de aprobación ajena, las motivaciones relacionales inconscientes suelen ser la simpatía y la docilidad, y no escorar el barco. Por consiguiente, será importante acceder a las intenciones que has creado en el capítulo 10. Conforme practiques el mindfulness y algunas de las motivaciones impulsadas por el miedo se suavicen, podrás conectar más fácilmente con las intenciones de estar presente, receptivo, conectado, ser compasivamente asertivo o tener relaciones equilibradas.

Reflexión:
Explorar las intenciones en las relaciones

Relájate poco a poco con unos minutos de mindfulness de la respiración. A continuación reflexiona sobre tus valores más profundos en lo relativo a las relaciones. Podrías repasar la reflexión «Analizar tus valores e intenciones» del capítulo 10. Piensa en los problemas que has vivido en relaciones significativas y en cómo tu comportamiento puede haber desempeñado un papel en ellos. No olvides ofrecerte bondad y compasión al hacerlo. Recuerda asimismo que en todas las relaciones difíciles ambas partes tienen su papel. El propósito de esta reflexión no es que te eches la culpa ni te obsesionen los problemas del pasado, sino, antes bien, que visualices cómo te gustaría ser y comportarte, momento a momento, en tus relaciones. Dedica un rato a escribir en tu diario tus intenciones para con tus relaciones.

Práctica informal:
Recordar tus intenciones con respecto a tus relaciones

Cuando en el día a día te topes con un ser querido, haz un alto, inspira y recuerda tus intenciones sobre cómo quieres ser a cada momento que pasa. Luego procura comportarte en consonancia con esas intenciones. Aunque en el momento no lo consigas, aprenderás de tu experiencia, y tu nueva forma de entender tus conductas te ayudará a tomar otras decisiones en el futuro.

Supongamos que estás disgustada con tu pareja porque no te ha avisado de que llegaría tarde. Las intenciones de asertividad y honestidad tal vez te ayuden a paliar compasivamente el agravio y resolver la situación. Sin embargo, tu capacidad de ser asertiva y honesta variará de un momento a otro y de día en día. Si con el paso del tiempo prestas atención, podrás aprender a actuar con asertividad y honestidad más a menudo.

EL DON DE VER CON NUEVOS OJOS

Al igual que Chris, que advirtió su pensamiento de que su marido la estaba criticando para sus adentros, sintonizar con lo que percibes de tu pareja y los efectos de esas percepciones en la relación puede ser beneficioso para ti. El mindfulness te concede una perspectiva bondadosa, consciente e independiente: unas lentes a través de las cuales puedes ver tus dañinas percepciones de ti mismo y de tu pareja. Desde esta perspectiva puedes trabajar con esas percepciones más hábilmente. Verte a ti mismo y a los demás con una mirada fresca puede ser esencial para establecer relaciones más afectuosas, gestionar el conflicto y desenvolverte para cambiar las dinámicas de las relaciones.

Un efecto desagradable de las percepciones de la búsqueda de aprobación ajena es que producen una sensación de separación de los demás. La reflexión de Chris de que tenía un problema innato y de que tenía que complacer siempre a Charles le impedía sentirse conectada a él. Además, esos pensamientos generaban resentimiento y avivaban su profunda sensación de soledad.

Jack Kornfield describe bien esta sensación de separación. Nuestras ideas de quiénes somos afloran y se solidifican como «hielo que flota en el agua» (2008, 65). El hielo parece que está separado del agua, pero está hecho de esa misma agua. Nuestras opiniones de nosotros mismos se endurecen como el hielo y nos privan de sentir nuestras conexiones. Mediante el mindfulness estas percepciones se derretirán gradualmente, haciéndose más fluidas y permitiéndonos tomar conciencia de que somos parte de algo que nos trasciende. Con esta sensación de pertenencia nos damos cuenta de que ya tenemos la conexión que buscábamos, por lo que nos sentimos más libres para reparar los agravios ajenos y decir «no» cuando sea necesario.

Así como el hielo se descongela lentamente tras un invierno largo y frío, nuestras percepciones también tardan lo suyo en derretirse tras años de estímulo. La paciencia, no forzar y el compromiso con la práctica del mindfulness te ayudarán a mantenerte a flote en aquellas ocasiones en que tus percepciones parezcan congeladas e imposibles de cambiar.

Vernos a nosotros mismos con nuevos ojos

Como ya se ha expuesto, la herida infantil puede generar pensamientos y sentimientos que conducen a un desapego emocional profundo y duradero. Para Chris, esta sensación de desconexión aumentó al ponerse la máscara de la simpatía y aspirar a la perfección, lo que redujo sus posibilidades de conectar con Charles de forma auténtica. Además, su temor de que decir lo que pensaba sería el fin y de que tenía la culpa de casi todo le impedía abordar el conflicto. En consecuencia, se perdió oportunidades de incrementar la intimidad a través de la resolución compasiva de los conflictos.

Gracias al mindfulness Chris empezó a derretir estas opiniones congeladas y limitadas de sí misma. Poco a poco fue desarrollando una percepción más flexible de su persona, y se dio cuenta de que la imagen que tenía de sí misma y las historias que se contaba eran meras percepciones que no abarcaban su auténtico yo. Con el tiempo adquirió mayor libertad para aceptarse como era y fluir tranquilamente con la vida.

Cuando empezó a sentirse menos temerosa descubrió que era capaz de actuar de otra manera. Se quitó la máscara de simpatía crónica, dejando que los demás la vieran no como alguien eternamente afable y aparentemente perfecto, sino como un ser humano genuino e imperfecto pero hermoso. Pudo volverse hacia el amor en lugar de huir de la intimidad y el conflicto. Pasó menos tiempo preocupándose de lo que creía que los demás querían de ella e intentando hacerlo y, por tanto, se sintió menos presionada y resentida. Todo esto le ayudó a estar menos a la defensiva y, con más autenticidad, a ser asertiva, y estar conectada y dispuesta a resolver los conflictos de sus relaciones. Menudo alivio para Chris y sus seres queridos.

Ver a los demás con nuevos ojos

Cuando Chris empezó a aceptarse a sí misma como una persona vulnerable e imperfecta pero hermosa, comenzó a ver a los demás de la misma manera. Poco a poco se desprendió de la expectativa de que Charles podía o debía profesarle un amor perfecto y le dio más espacio para que fuese como era. Se abrió a la compasión hacia Charles y dejó de intentar controlarlo con intentos para obtener su aprobación a través del perfeccionismo. Con paciencia y perseverancia, tú también puedes hacerlo. Como Terry Hershey (2011), escritor, orador inspiracional y pastor de iglesia, dijo en su página web: «El cambio se produce cuando dejamos de exigir la perfección a personas imperfectas».

Cuando ves a los demás con nuevos ojos abres la jaula de oro, librándolos de estar a la altura de la imposible tarea de hacerte absolutamente feliz para compensarte por tu dedicación. La rabia y el resentimiento de ambos pueden disminuir en cuanto os liberéis de las expectativas poco realistas. Esta sensación de libertad puede ayudar a la gente a cambiar también en otros aspectos.

Otra forma de ver a los demás con más cariño es distinguir a las personas de sus conductas. Por añadidura, reconocer la intención profunda y amorosa de ser felices y libres que motiva sus conductas puede cambiar tu perspectiva, aunque sientas que te han herido. Puedes empezar a dejar que cometan errores y envolverlos en compasión aunque sus conductas sean torpes y dañinas. Esto te permitirá atemperarte cuando surja el conflicto y hablar con voz más compasiva.

Conforme Chris intensificó la práctica empezó a ver que también Charles tenía una belleza innata. Charles era humano y sufría. Él también tenía heridas infantiles, tal vez similares a las de Chris. También tenía mente de mono. Esto ayudó a Chris a ver a Charles con ojos bondadosos y atemperar sus juicios en los momentos de conflicto y dolor. Si adoptas esta perspectiva con tu pareja, ambos, así como vuestra relación, creceréis poderosamente.

Que los demás nos vean con nuevos ojos

Practique o no tu pareja el mindfulness, tu práctica le ayudará a verte tal cual eres. Cuando Chris empezó a aceptarse a sí misma y a soltar su perfeccionismo y simpatía crónica Charles pudo verla como realmente era: un ser humano hermoso e imperfecto. En cuanto Charles descubrió esto, la aceptó tal como era y conectó con ella con más autenticidad, se abrió la puerta a una nueva solidez en la relación.

Ver la relación con nuevos ojos

Cuando percibas tus percepciones acerca de tus relaciones, y te desprendas de algunas de ellas, te irás deshaciendo poco a poco de la idea de que tienes que ocuparte permanentemente de los demás y proporcionarles lo que crees que necesitan. De nuevo, aunque tu pareja no practique el mindfulness, sin duda notará los efectos de tu práctica, lo que puede ayudaros a ambos a soltar gradualmente algunas de las conductas improductivas de vuestra relación. Tal vez te sientas más libre para buscar el equilibrio en la relación y desprenderte de algunas de tus conductas cuidadoras basadas en el miedo. A su vez esto le dará margen a tu pareja para desprenderse de su sensación de derecho adquirido. Tu relación puede volverse más equilibrada, y el pacto mutuo más equitativo, afectuoso y conectado. Además, lo que antes era un pacto tácito puede pasar a ser consciente y hablado. En otro momento del capítulo esbozaré un proceso de tratado de paz que puede contribuir a forjar este tipo de acuerdo.

Práctica informal:
Ver a tu pareja con nuevos ojos

Observa los pensamientos que surgen al ver a la persona amada. ¿Qué historia te estás inventando sobre tu pareja? ¿Estás imaginándote lo que piensa de ti? ¿Te la imaginas a punto de criticarte? Identifica estos pensamientos conscientemente.

A continuación, imagínate que ves a tu pareja por primera vez. Como hiciste con las pasas o el alimento que fuese en la práctica de comer estando plenamente consciente del capítulo 1. Observa qué pasa cuando miras a tu pareja de esta forma. Tal vez seas más consciente de tus percepciones y eso te permita abrirte a la idea de que tu pareja es más de lo que crees. Esto puede ayudarte a verla con más bondad y a ser menos reactivo.

AFRONTAR LOS PROBLEMAS

Cuando Chris emprendió su viaje hacia la conciencia plena y la libertad, tras toda una vida huyendo hasta de la posibilidad de conflicto, Charles y ella hicieron frente a ciertos desafíos para comunicarse los cambios en su relación. Chris abandonó gradualmente algunas de sus conductas exageradas de cuidadora y empezó a expresar más a menudo sus necesidades y deseos. En general, a Charles le alivió que le ahorraran la presión de sus cuidados y le enorgullecía que Chris dijese lo que pensaba. Sin embargo, en algunos momentos experimentó una confusión o rabia comprensibles mientras se adaptaba a que Chris no lo complaciese ni estuviese siempre de acuerdo con él. Los siguientes apartados ofrecen algunos consejos para afrontar los problemas que pueden surgir cuando redefines tu relación con plenitud de conciencia.

Tratados de paz

En su libro *Teachings on Love* (1998), [titulado *Enseñanzas sobre el amor* en su versión en castellano], fragmentos del cual se han adaptado aquí previa autorización, el monje budista vietnamita Thich Nhat Hanh esboza un tipo de tratado de paz que puede ser tremendamente útil en cualquier relación. El tratado obliga a ambas partes a pactar conscientemente el modo de gestionar los agravios antes de que se produzcan, transformando los sentimientos y conductas reactivas, tales como la rabia, estar a la defensiva, la crítica y los comentarios hirientes, en un discurso afectuoso. Además de salvar diferencias, esta práctica puede ayudar a ambas partes a que posteriormente acerquen posturas.

El tratado de paz te invita a comprometerte a subsanar los agravios con afecto. Ambas partes acuerdan abstenerse de provocar más problemas cuando estén dolidas o enfadadas, pero también acuerdan no reprimir sus emociones. Además, acuerdan que antes de ocasionar abiertamente un agravio, ambas practicarán el mindfulness de las emociones, abriendo la posibilidad de que se hable del dolor con amor y compasión.

Este paso de mirar hacia dentro para prestar atención a nuestras emociones es muy importante. Como escribe John Welwood: «En el núcleo de todo agravio lo que hay es un dolor y una pena profundos por la pérdida de conexión» (2006, 76). Practicar el proceso RAIN (reconocer, aceptar, investigar y no identificarse) con nuestras emociones puede ayudarnos a aliarnos con esos sentimientos en lugar de reaccionar con conductas que puedan conllevar más rechazo y falta de aceptación. Ofrecernos consuelo y apoyo a nosotros mismos hace posible que actuemos con integridad y bondad a la hora de resolver el problema.

El siguiente paso del tratado de paz es que el miembro ofendido acuerda pedir un espacio para hablar del problema cuando ambos sean capaces de hacerlo con corazón bondadoso. Los dos acceden a respetar todos los sentimientos y la necesidad de tiempo para procesarlos. La parte ofensora también accede a reflexionar con plenitud de conciencia sobre cómo sus conductas pueden haber causado sufrimiento. Tras la reflexión y la comprensión del papel que su torpeza ha desempeñado en el malestar, el miembro ofensor se disculpa.

Fíjate en que aunque tu pareja no acceda a firmar un tratado de paz, podéis comprometeros con esta propuesta y honrar vuestra relación observando sus principios.

Cuando Chris y Charles acordaron un tratado de paz, descubrieron que incorporar la conciencia a lo que había sido un pacto relacional tácito e inconsciente era tremendamente útil para sortear los retos de su cambiante relación. Esto les permitió llevar el debate a las inquietudes que cada cual sentía con respecto a las repercusiones que los cambios de Chris pudieran tener en la relación. Juntos decidieron destinar un tiempo específico a tratar el problema, a fin de poder minimizar divagaciones y hablar, ojalá, con más intencionalidad, amor y respeto.

Aprender a STAND TALL (mantenerse erguido)

Cuando te enfrasques en una discusión sobre un conflicto, sea en el contexto de un tratado de paz o en otra circunstancia, es posible que el acrónimo STAND TALL te sea útil:

S   Hacer un alto *(Stop)*
T   Inspirar *(Take a breath)*
A   Aceptar
N   Observar *(Notice)*
D   Discernir

T Volverse hacia el amor *(Turn toward love)*

A Reafirmar *(Affirm)*

L Escuchar con atención *(Listen deeply)*

L Hablar con cariño *(Lovingly speak)*

Como ves, STAND TALL comprende numerosos aspectos del mindfulness que son importantes para gestionar las relaciones con amor, compasión, aceptación y asertividad. Practicar STAND TALL no es un proceso lineal; antes bien, implica fluir entre varios aspectos del mindfulness. Al igual que con el tratado de paz, puedes practicar la mayoría de los aspectos de STAND TALL al margen de que lo haga tu pareja. Puede aplicarse antes o durante las discusiones, o ambas cosas.

Echemos un vistazo a la manera en que este método ayudó a Chris antes y durante las discusiones con Charles sobre su cambiante relación.

S = Hacer un alto

Chris notó la embestida de la ansiedad y la indignidad antes y durante la discusión. Al hacerlo hizo un alto y sintonizó con el momento. Eso le ayudó a darse cuenta de que había estado con el piloto automático puesto. Hacer un alto contribuye a crear un paréntesis entre el estímulo y la reacción automática.

T = Inspirar

Hacer una inspiración consciente ayudó a Chris a encontrar cierta paz y un lugar seguro en el que estar rodeada de pensamientos y sentimientos. La respiración es un vehículo de anclaje de la conciencia plena en el momento y el cuerpo.

A = Aceptar

Aceptar y observar (paso siguiente) van de la mano. En los momentos en que los hábitos complacientes te obstaculicen el camino o desees subsanar un agravio, una actitud de aceptación puede contribuir a que sencillamente te relajes en el momento. Soltar la resistencia y ser menos reactivo viene a ser como si te tirasen a una piscina; al dejar de agitar los brazos y chapotear quizá descubras que haces pie sin que el agua te cubra.

Cuando Chris aflojó, haciendo un alto e inspirando, se dio cuenta de que los pensamientos y las emociones la inundaban. Eran tantos que costaba reconocerlos, por no hablar de distinguirlos. Recordando que sus emociones tenían una información valiosa que transmitirle, intentó abrirse a ellas y dejar que simplemente fueran. Si bien inicialmente no logró cejar en el esfuerzo por reprimir o negar sus emociones dolorosas, probó a aceptar que no era capaz de aceptar. Ofreciéndose esta aceptación apaciguó aún más su actitud defensiva y su reactividad, con lo que pudo abrirse a su experiencia.

N = Observar

Prestar una atención franca momento a momento te ayuda a conseguir una perspectiva independiente de lo que, de otro modo, sería un revoltijo de estímulos a los que quizá te limitarías a reaccionar. Cuando prestas atención a tu experiencia interna tienes que observar sensaciones, pensamientos y emociones. Si a ello le añades una conversación, tienes que observar las palabras, el lenguaje corporal y las expresiones faciales de la otra persona, además de la sensación de conexión que experimentas (Siegel 2010). Puede dar la impresión de que hay que prestar atención a muchas cosas con plenitud de conciencia; la paciencia y la práctica continuada serán útiles.

La búsqueda compulsiva de aprobación quizá propicie que tiendas a estar atento a la experiencia ajena e ignorar la tuya propia. Tomarse un tiempo previo a las conversaciones delicadas, como propone el tratado de paz, puede fomentar la focalización interna. Prueba a observar y quizás etiquetar todos los aspectos de tu experiencia, especialmente tus sensaciones físicas y sentimientos, de los que es posible que lleves mucho tiempo desconectado. Observar, aceptar y aportar compasión a tu experiencia tal cual es puede ayudarte a escuchar y hablar con serenidad y cariño.

Mientras Chris se preparaba para la discusión con Charles observó que, mientras en un momento dado estaba totalmente decidida a conseguir que Charles se aviniese a que ella dejara su empleo para volver a estudiar, en otro momento quería descartar la idea. También observó que estaba nerviosa y a la defensiva por lo que Charles pudiese decir. ¿Se enfadaría con ella y le gritaría? ¿Pensaría que era una egoísta?

Chris observó que su experiencia incluía tanto la búsqueda (de la aprobación y aceptación de Charles) como la aversión (a las reacciones que temía de Charles y el desafío que implicaba hablar de estos temas). Reconocer conscientemente estos aspectos de su experiencia y aceptarlos le ayudó a ver sus pensamientos y sentimientos como meros acontecimientos de la mente, lo que le concedió una mayor liberación de la reactividad. Se sintió más tranquila y capaz de confiar en el proceso y cultivar una actitud de «veamos qué pasa». Durante su conversación con Charles pudo recordarse estos descubrimientos, lo que tal vez le ayudó a seguir cultivando una actitud abierta.

En una conversación real es esencial prestar atención a la comunicación con tu pareja. Los cuatro primeros aspectos de STAND TALL —hacer un alto, inspirar, aceptar y observar— te ayudarán a estar más presente y receptivo en la conversación.

D = Discernir

Cuando observes y te relajes en el momento, reflexionar sobre tu experiencia puede ayudarte a discernir, profunda y compasivamente, tus suposiciones reactivas, cómo inciden en tu relación y qué rumbo podrías tomar. Como no es el acontecimiento externo sino cómo te relacionas con él lo que genera sufrimiento, es esencial que durante un rato dirijas tu atención hacia dentro.

Al hacerlo plantéate las siguientes preguntas (adaptación autorizada de Fralich 2007) y simplemente observa lo que venga, incluyendo sensaciones físicas, pensamientos y sentimientos. No es necesario que examines todas esas preguntas en el momento, especialmente durante una conversación. Elige aquellas que te parezcan más apropiadas para tu situación:

- *¿A qué creencias complacientes y demás suposiciones y sentimientos estoy reaccionando ahora?*
- *¿De qué manera contribuyen mis suposiciones y sentimientos al problema?*
- *¿Soy capaz de verme con nuevos ojos?*
- *¿Qué historias me cuento de mi pareja y qué suposiciones estoy haciendo?*
- *¿De qué manera influyen estas suposiciones en mi forma de proceder en esta situación?*
- *¿Pretende mi pareja hacerme daño o ser irrespetuosa, y, aun en tal caso, puedo ser paciente y comprensivo con su lucha?*
- *¿Soy capaz de ver a mi pareja con nuevos ojos?*

Cuando Chris dejó que algunas de estas preguntas calaran en ella antes de la conversación, se dio cuenta de que estaba reaccionando a recuerdos infantiles de unas necesidades que no estaban siendo respetadas ni satisfechas y a antiguas creencias de que era indigna y no merecía ser amada. Asimismo entendió que su impulso de complacer a Charles nacía de un deseo de obtener amor y aceptación. Se dio cuenta, además, de que sus percepciones de Charles avivaban su ansiedad ante la inminente conversación.

En su libro *Comunicación no violenta* (2003), el psicólogo y mediador Marshall Rosenberg subraya la importancia de reconocer las necesidades subyacentes insatisfechas que contribuyen a los agravios y dificultan la comunicación. Chris se dio cuenta de que la intensidad de su deseo de salirse con la suya se derivaba de lo mucho que había hecho por Charles a lo largo de los años. Su deseo no satisfecho de ser amada y apreciada incondicionalmente había ido en aumento y quería algo a cambio de todo lo que había hecho.

No olvides preguntarte si tus problemas interpersonales guardan relación con necesidades no satisfechas. Pregúntate, además, si puedes ocuparte de tus necesidades de algún modo. Asimismo analiza si puedes ayudar a tu pareja a cubrir también las suyas. Chris prestó atención a sus propias necesidades recordando su verdadera naturaleza y ofreciéndose bondad amorosa, luego hizo lo propio con Charles. Probó a verse a sí misma y a ver a Charles con ojos bondadosos y compasivos.

Durante este tiempo de discernimiento puedes explorar las posibles opciones que hay para gestionar el agravio y satisfacer tus necesidades. Recordar tus intenciones de cómo quieres ser en el momento puede ayudarte a elegir hábilmente tu conducta incluso en pleno conflicto. Sin perder de vista tus valores, pregúntate cómo podrías manejar la situación deliberada y afectuosamente. ¿Hay una reacción creativa que puedas tener en lugar de la tuya refleja?

Cuando Chris entendió el origen de sus necesidades y se recordó su propia bondad y la de Charles, decidió que una actitud abierta y compasiva le ayudaría a aceptar el resultado de su conversación con Charles, fuera cual fuese.

T = *Volverse hacia el amor*

Tu práctica del mindfulness y la bondad amorosa puede ayudarte a volverte hacia ti mismo, tu experiencia y los demás con amor. Cuando adoptas una perspectiva más independiente, te aceptas amorosamente y estás en armonía con tus intenciones, te sientes más conectado con los demás y menos dependiente de su aprobación. Tal como se ha expuesto, esto te ayuda a asumir el riesgo de que te vean tal como eres, al tiempo que te ayuda a ver a los demás como seres humanos únicos y adorables. Te permite encontrar el valor para estar presente y elegir un discurso y un rumbo afectuoso y compasivo.

Aunque tus sentimientos estén heridos, puedes ponerte en el lugar de tu pareja y empatizar con ella. Además, discernir las intenciones adaptativas de tu pareja y separar sus conductas de su humanidad compartida te ayudarán a sentir compasión. Menudo regalo sentirte conectado con tu pareja por su condición de ser humano y hablar del agravio con amor en vez de rencor.

Nos abrimos a dar y recibir un amor más auténtico, tal vez incluso incondicional, abriéndonos a nuestro profundo deseo de este y la vulnerabilidad que acompaña a ese deseo (Welwood 2006). Cuando Chris observó sus pensamientos y sentimientos, practicó el desprendimiento y se brindó compasión, empezó el proceso gradual de abrirse a esos sentimientos profundos, lo que le permitió volverse hacia Charles más fácilmente con amor y compasión.

A = Reafirmar

Cuando un miembro de la pareja es complaciente las relaciones tienden a ser desiguales. El otro miembro suele acaparar más poder y casi siempre está al mando. Este desequilibrio puede hacer que la resolución del conflicto suponga un reto. Será importante tomar distancia y reafirmar lo que has aprendido mediante el mindfulness. Reconocer tu verdadera naturaleza, tu belleza interior y tu imperfección y humanidad compartida te colocará más en pie de igualdad con tu pareja. Puedes cultivar una sensación de valía y pertenencia que puede darte fuerzas para expresar tus opiniones y pedir lo que quieres, aunque al hacerlo te sientas vulnerable. Prueba a ofrecerte bondad amorosa y compasión antes o durante una conversación delicada; eso te ayudará a calmarte, y también a hacer extensivas la bondad amorosa y la compasión a tu pareja y escuchar más ávidamente.

Reafirmar y prestar atención a tus emociones puede ayudarte a reconocer y estar con la vulnerabilidad asociada a la petición directa de lo que necesitas y quieres. En su libro *Perfect Love, Imperfect Relationships* (2006), [Amor perfecto, relaciones imperfectas], John Welwood afirma que casi siempre nos limitamos a quejarnos porque no conseguimos lo que queremos en lugar de pedirlo directamente. Sigue explicando que la queja y el reproche son defensas para que a uno no lo vean, no lo conozcan y quizá por no haber conseguido lo que queremos. Es mucho más fácil centrarnos en que los demás no nos dan lo que queremos que exhibirnos así. Sin embargo, abrirse a esta vulnerabilidad es un elemento importante para una profunda conexión.

Al prestar Chris atención a sus pensamientos antes de su conversación con Charles, detectó muchas quejas y actitudes defensivas internas, con pensamientos tales como: «A Charles le da igual lo que yo quiera. Siempre hace lo que le da la gana». También se dio cuenta de que una de las razones principales por las que Charles casi nunca atendía sus deseos era porque raras veces los comunicaba.

Cuando Chris se planteó hablar con Charles sobre este patrón de su relación y pedirle directamente lo que quería, detectó pensamientos temerosos y vulnerables: «¿Y si se ríe de mí? Pensará que soy una egoísta». Hizo una pausa, inspiró y dejó que estas emociones simplemente fluyeran. En ese instante asomaron lágrimas de ternura y se compadeció de Charles y de sí misma. Comprendió que si Charles escuchara y atendiera sus necesidades, ella se sentiría amada, y que para que eso ocurriera tenía que expresar sus deseos. Chris decidió armarse de valor para decirle a Charles que quería dejar su empleo y volver a la universidad.

De igual modo tú puedes cultivar la presencia y la no reactividad que son esenciales para vivir en consonancia con tus intenciones más profundas. En cualquier momento de un conflicto puedes reafirmar lo que es importante recordándote tus intenciones. Esto puede ayudarte a dirigir conscientemente tus conductas incluso durante un conflicto. En cuanto hayas reafirmado tu belleza interior y la validez de tus necesidades, emociones e intenciones, no olvides reconocer lo mismo en tu pareja. Reafirma la autonomía de tu pareja y tu intención de trataros a ambos con dignidad y compasión.

L = Escuchar con atención

Tras dedicar un rato a fomentar su claridad mental y compostura, Chris estuvo preparada para escuchar a Charles de corazón. Se sintió conectada con él mientras escuchaba su preocupación por la pérdida de ingresos, de dejar ella su empleo. Chris estuvo presente atendiendo a sus palabras, lenguaje corporal y expresiones faciales, y al permitir que las palabras de Charles le conmovieran, prestó también atención a su experiencia interna y sintió que nacían en ella la compasión y la empatía. En los momentos en que tuvo ganas de evitar el tema, tragarse su deseo y doblegarse a las preferencias de Charles, se recordó a sí misma que tenía que estar presente, limitarse a escuchar y fomentar una actitud de «veamos qué pasa». Para escuchar con la mayor de las atenciones y eficacias, Ron Siegel (2010), profesor de psicología e instructor de mindfulness de renombre internacional, sugiere que prestes atención a la experiencia de tu pareja, la tuya propia y la sensación de conexión entre los dos.

L = Hablar con cariño

Como Chris escuchó a Charles con atención e intencionalidad, fue capaz de transmitirle que le había escuchado, entendía sus inquietudes y empatizaba con él. Una forma eficaz de lograr esto se esboza en el libro *Keeping the Love You Find* (1992), [Conservar el amor que encuentres], de Harville Hendrix, fragmentos del cual se han adaptado aquí previa autorización: reproducir (o parafrasear), validar, empatizar y sintetizar. Si bien esta manera de comunicarse requiere tiempo y esfuerzo extras, facilita la comprensión, la conexión y la empatía. Para darte una idea de cómo implantar este método, echemos un vistazo a cómo Chris incorporó estos cuatro elementos en su respuesta a Charles.

Tras hacer una pausa para inspirar, Chris reprodujo lo que Charles había dicho: «Si lo he entendido bien, aunque apoyas la idea de que vuelva a la facultad para hacer otra carrera, crees que tendremos problemas económicos si estoy una temporada sin trabajar. También has señalado que ahora estás un poco resentido y que, si vuelvo a la facultad, te agobiará ser el único que trae un sueldo a casa. ¿Es eso?» Charles asintió.

A continuación Chris validó la experiencia de Charles, diciendo: «Viéndolo desde tu punto de vista, entiendo que pienses que iríamos justos de dinero». Aunque Chris entendía que Charles pensase eso, no estaba de acuerdo en que tendrían problemas económicos y creía que simplemente no podrían ahorrar tanto a corto plazo. Aun así, estaba dispuesta a acceder a los deseos de Charles y renunciar a los suyos. Hizo un alto, inspiró y reconoció en su fuero interno sus pensamientos y sentimientos. Luego recordó su intención de respetar sus necesidades y hablar asertiva pero compasivamente.

Con este recordatorio, Chris sintió que podía tratarse con compasión al tiempo que empatizaba con Charles. Descubrió que era capaz de empatizar y dijo: «Entiendo que mi deseo de dejar el trabajo pueda inquietarte y agobiarte». Charles suspiró y, con una mirada de alivio, dijo: «Sí, gracias por darte cuenta».

Entonces Chris sintetizó combinando la reproducción, la validación y la empatía. Dijo: «Entiendo que apoyas que vuelva a la facultad y que crees que si lo hago pasaremos apuros. Comprendo que pienses eso y que tengas dudas». Vio que Charles aflojaba los hombros y su porte en general se relajaba cuando dijo: «Lo has entendido». Chris notó una oleada de calidez, conexión y alivio.

Gracias a esta exitosa comunicación, Chris se sintió más segura para seguir hablándole a Charles de sus pensamientos y deseos con cariño y asertividad. Durante la conversación, antes de empezar a hablar hacía una pausa, inspiraba y practicaba una versión condensada de STAND TALL. Así se armó de valor para desviar la conversación hacia el patrón general de su relación, en el que ella se doblegaba a cualquier cosa que Charles quisiera, y el rol que él podía estar desempeñando en esa dinámica.

Una pauta general para hablar con cariño es seguir la regla de oro: hablar a los demás como te gustaría que te hablaran a ti. Esto implica tener la intención de no herir y de decir la verdad con amabilidad. Mi amigo y colega Steve Flowers (2009) propone hacer hincapié en la bondad y señala que quizá sea más compasivo decir lo que es bondadoso que lo que es cien por cien verdad.

Como Chris tenía por costumbre no decir lo que pensaba, quería ser precisa y asertiva en su discurso. Usó el siguiente formato de discurso asertivo, que su terapeuta le había explicado y que muchos expertos en comunicación sugieren. Estas pautas ayudaron a Chris a responsabilizarse de sus sentimientos y evitar el reproche y el discurso evaluativo.

1. Cuando tú [describe brevemente una conducta].
2. me siento [una emoción].
3. porque [explica brevemente cómo percibes esta conducta].
4. Lo que quiero es [descríbelo breve y detalladamente].
5. ¿Me [una petición muy concreta y específica]?

Así usó Chris esta fórmula para ser asertiva en la conversación con Charles: «Cuando no me preguntas qué quiero y haces lo que a ti te apetece, me siento dolida y excluida. Creo que no te preocupas por mí ni por lo que quiero. Lo que quiero es saber que te preocupas por mí y mis deseos. ¿Me preguntarás específicamente lo que pienso y quiero con respecto a asuntos que nos afectan a ambos?»

Charles se quedó unos instantes callado. Luego se acercó a Chris y le dio un gran abrazo. Le dijo que no se había dado cuenta de lo mucho que a ella le costaba decir lo que pensaba y acto seguido accedió con afecto a preguntarle expresamente su opinión.

RESUMEN

Practicando las habilidades que engloba STAND TALL, puedes estar más presente, receptivo y ser más afectuoso en las interacciones. Este método puede ayudarte a hallar el valor para comunicarte compasiva y asertivamente. A medida que gradualmente te aceptes mejor a ti mismo y te abras al amor que ya está dentro de ti, el amor de tu pareja puede convertirse en una fuente de felicidad, en lugar de parecer insuficiente. Todos estos factores fomentarán que experimentes una sensación de conexión tanto con tu pareja como contigo mismo, permitiéndote realmente estar presente en la relación. El resultado serán menos agravios, una relación de pareja más alegre y una mayor capacidad de gestionar el conflicto cuando surja. Chris practicó STAND TALL a su manera. Cuando experimentes y uses tu intuición para discernir lo que te conviene en el momento, descubrirás tu propia manera de usar este método. Espero que STAND TALL sea un regalo que puedas hacerte a ti mismo.

12

El camino por delante

Muchas de las personas con las que hablo de mindfulness tienen una buena reacción, la profunda certeza de que esta práctica está hecha para ellos. Tal vez tu experiencia haya sido similar y tengas la sensación de que el mindfulness es adecuado para ti. Reflexiona sobre cómo te has sentido al leer este libro y hacer las prácticas y ejercicios. ¿Lo que has aprendido te parece convincente? De ser así probablemente quieras instaurar una práctica regular de mindfulness.

La práctica regular te ayudará a fomentar la conciencia plena y abierta y la no reactividad que necesitarás para seguir aplicando el mindfulness a los hábitos complacientes. Sin una práctica regular quizá recaigas en la simple reacción a los pensamientos y sentimientos que afloren en los momentos de estrés. Por eso este capítulo analiza cómo convertir el mindfulness en un elemento habitual de tu vida.

INTENCIONES, OBJETIVOS Y COMPROMISO

Si bien la práctica del mindfulness puede ser tremendamente significativa y beneficiosa, entrelazarla con el tejido de tu vida puede constituir un desafío. Tal como has aprendido en el capítulo 10 comprometerte con tus intenciones y acordarte de llevarlas a cabo te permite armonizar tus acciones con lo que verdaderamente te importa en esta vida. Las intenciones de ser consciente, compasivo, aceptar y ser bondadoso pueden ayudarte a navegar en las alegrías y penas de la vida, y acordarte de estas intenciones puede ayudarte a decidir practicar incluso cuando tengas la sensación de que muchas otras obligaciones consumen tu tiempo. Deja que tus intenciones te guíen.

Tener un objetivo también es importante. ¿Cuáles son tus objetivos con respecto a la práctica del mindfulness? Quizá tengas el objetivo de meditar a diario. Tal vez quieras buscar clases de mindfulness en tu barrio o irte a un retiro. Quizá tengas el objetivo de leer y trabajar a partir de otros libros sobre mindfulness. Tener objetivos relacionados con tu práctica te ayudará a permanecer en el camino adecuado. Únicamente recuerda desprenderte del apego a cualquier resultado concreto y, en lugar de eso, vive simplemente en función de tus intenciones y deja que el resto vaya llegando.

En nuestra cultura la mayoría de la gente tiene una vida muy ajetreada. Teniendo en cuenta que tiendes a la búsqueda habitual de aprobación ajena, es posible que quieras abarcar demasiado. Mantener una práctica regular de mindfulness quizá te parezca un reto abrumador. Adquirir el firme compromiso de despertarte a la vida, incluyendo tu tendencia a buscar aprobación, puede ayudarte a encontrar la paciencia y la perseverancia para continuar con tu práctica e intensificarla. Proponte empezar con un compromiso de practicar cinco días a la semana durante dos meses para sumergirte en la práctica y ver si el mindfulness te sirve. De ser así, después del periodo de prueba de dos meses puedes adquirir un compromiso a largo plazo. (Un poco más adelante proporciono un programa de dos meses de meditación, por si necesitas un poco de ayuda para instaurar una práctica estructurada.) Decidas adquirir el compromiso que decidas, considéralo un regalo que te haces a ti mismo, una demostración de respeto hacia tu persona tras pasar años descartando o ignorando tus necesidades.

Mucha gente considera que el compromiso y la disciplina son duros o agotadores, como el eslogan de Nike «Just do it» (Limítate a hacerlo). Yo digo «limítate a hacerlo con compasión»; de esa forma el proceso se impregna de bondad.

Reflexión:
Analizar tu compromiso de practicar

Relájate poco a poco con unos minutos de respiración mindfulness. Luego reflexiona sobre lo que has experimentado con el mindfulness trabajando con este libro y de qué manera te gustaría incorporar una práctica regular en tu vida. Dedícate un rato a escribir sobre esto en tu diario y a continuación condensa tus pensamientos en una única y concisa afirmación, como: «Me comprometo a despertarme a la vida y encontrar la libertad instaurando una práctica dinámica de mindfulness a largo plazo». Al igual que con las intenciones que has creado a partir de tu trabajo con este libro, anótala en tu smartphone, un papel bonito o una tarjeta. Quizá quieras hacer varias copias. Luego pega tu compromiso en uno o varios sitios donde lo veas a menudo.

PRÁCTICA FORMAL DE MANERA CONTINUADA

Te animo a que practiques la meditación mindfulness como mínimo cinco días a la semana. Hay personas que se zambullen y empiezan con cuarenta y cinco minutos de práctica diaria, un programa recomendado en la mayoría de las clases de reducción de estrés basadas en el mindfulness. Otras prefieren entrar en el agua despacio, empezando con meditaciones más cortas y prolongando la práctica con el tiempo. Observa cualquier juicio sobre ambas opciones y suéltalo. Con cualquier sistema estarás dedicándote a aliarte con tu mente, tu cuerpo y tus emociones, y desvinculándote de las respuestas automáticas, y esto te ayudará a despertar a una vida impregnada de sabiduría y sentido.

Te ruego que te plantees la posibilidad de aplicar el siguiente programa de dos meses para crear una base sólida sobre la que puedas cultivar una práctica a largo plazo. Las meditaciones son acumulativas, por lo que te aconsejo que las practiques en la secuencia indicada. La paciencia, la perseverancia y todas las actitudes del mindfulness tratadas en el capítulo 1 contribuirán a sostenerte para que practiques asiduamente y también cuando te saltes un día de práctica.

Dales a todas las meditaciones la posibilidad de florecer en ti. La mayoría de la gente tiene preferencias, pero procura no dar por sentado que ciertas prácticas no están hechas para ti, porque no les has cogido el tranquillo a la primera. Aborda cada sesión con mente de principiante, en lugar de suponer que no te gusta una práctica determinada o que a ti no te funciona. Aunque a continuación ofrezco un programa de práctica detallado, personaliza la tuya propia. Déjate llevar por tu intuición y suelta las expectativas sobre cómo debería estructurarse tu práctica.

Semana 1: Practica el escáner corporal de quince a cuarenta y cinco minutos.

Semana 2: Practica el escáner corporal y de diez a quince minutos de respiración mindfulness.

Semana 3: De veinte a cuarenta y cinco minutos alterna el escáner corporal, los estiramientos plenamente conscientes y la meditación andando. Practica veinte minutos de respiración mindfulness.

Semana 4: De veinte a cuarenta y cinco minutos alterna el escáner corporal, los estiramientos plenamente conscientes y la meditación andando. Practica veinte minutos de respiración mindfulness.

Semanas 5 y 6: Alterna de quince a treinta minutos el mindfulness de los sonidos y los pensamientos, con el escáner corporal o los estiramientos plenamente conscientes de quince a cuarenta y cinco minutos.

Semana 7: Practica la meditación que prefieras durante al menos cuarenta y cinco minutos. Si utilizas grabaciones de audio guiadas prueba a no usarlas.

Semana 8 en adelante: Si has estado utilizando grabaciones de audio guiadas, continúa usándolas tranquilamente si lo deseas. Recurre a tu intuición para elegir las prácticas que son apropiadas para ti.

El compromiso de continuar intensificando tu práctica puede ayudarte a convertir el mindfulness en una práctica de por vida y un estilo de vida. Quizá tengas que cuestionar tu concepción del tiempo y de aquello en lo que vale la pena emplearlo. Solemos creer que deberíamos estar *haciendo* algo con nuestro tiempo, pero con la experiencia puede que descubras que la meditación (que a lo mejor te parece que es como no hacer nada) puede insuflar una sensación de paz y serenidad a tus demás actividades. Dejando de hacer durante este rato, quizá te vuelvas incluso más productivo. De modo que en un día realmente ajetreado o difícil en que sientas que el tiempo escasea, buscar siquiera unos minutos para meditar puede ser inmensamente beneficioso. Por ejemplo, podrías practicar entre reunión y reunión o mientras esperas en el coche para recoger a los niños.

Si la meditación debe pasar a formar parte de tu vida, tienes que hacerle sitio y tiempo. Fijar una hora concreta del día para meditar contribuirá a garantizar que realmente encuentres el momento para practicar. Muchos practicantes avanzados meditan a primera hora de la mañana, lo que ayuda a marcar la tónica de la jornada. Hacen algo para despertarse, como dar de comer a sus mascotas o mojarse la cara con agua fría, y luego meditan. Yo aconsejo probar la meditación a primera hora de la mañana, pero si no te funciona hay más momentos buenos. Si tienes una vida en la que practicar cada día a la misma hora es difícil, elige horas que te convengan y luego respétalas como harías con cualquier otra cita.

En casa busca un lugar concreto para practicar. Puede ser tan sencillo como un rincón de una habitación, pero cabe esperar que sea un sitio donde no te interrumpan. Conviértelo en un espacio acogedor adornándolo con lo que sea que te haga sentir cómodo. Pide a los miembros de la familia que sean comprensivos con tu rato de práctica, minimizando interrupciones y ruido. Si bien tener un espacio aparte en casa es útil, puedes meditar en cualquier parte: en un avión, en la sala de espera de una consulta médica o en un banco del parque.

PRÁCTICA INFORMAL DE MANERA CONTINUADA

Cabe esperar que hayas probado todas las prácticas informales de este libro. Para contribuir al desarrollo de tu práctica informal, vuelve al capítulo 1 y céntrate en las prácticas: «Hacer una pausa para respirar», «Comer estando plenamente consciente», «Mindfulness durante las actividades cotidianas», «Señales para practicar el mindfulness» y «Usar tu smartphone con inteligencia». Estas prácticas fomentan la respiración mindfulness y la conciencia plena de las experiencias cotidianas sencillas para ayudarte a anclarte en el momento. Mediante estas prácticas puedes tener más a menudo una experiencia directa y sensorial de tu vida, en lugar de pensar en lo que estás haciendo y sumirte en el pasado o el futuro. Esto te permite estar presente en tu vida y experimentar cada momento como lo que es: el momento en el que vives tu vida. Te permite vivir más plenamente el único momento que tienes: el momento presente.

Cuando simplemente paras, respiras, observas el momento y dejas que tu experiencia sea tal cual es, esta práctica informal de manera continuada te ayudará a pasar cada vez menos tiempo con el piloto automático puesto. No puedo dejar de recalcar la importancia de no forzar en esta práctica. Si intentas usar el mindfulness para librarte de cierto sentimiento o experiencia, o para conseguir un objetivo, únicamente sufrirás más.

Recuerda también que el tipo de presencia que fomenta el mindfulness abre la puerta a una vida menos reactiva y con más compasión y comprensión. La capacidad de tomar decisiones con habilidad y desde el afecto nace de estas semillas. En su libro *Bailando con la vida: intuiciones budistas para hallar sentido y alegría frente al sufrimiento*, Phillip Moffitt dice: «Como he pedido reiteradamente... estate presente con tus intenciones más profundas, lo mejor que sepas, y luego deja que la... verdad de la presencia despierta haga el trabajo» (2008).

Ten presente que hay muchas maneras de practicar informalmente. Las prácticas informales de este libro nada más permiten echar un vistazo a las infinitas posibilidades. Además, espero que dediques un tiempo a trabajar con el método contenido en el acrónimo STAND TALL hasta que se convierta en algo automático. Entrelaza muchas prácticas y puedes usarlo todo o en parte en función de la situación. Es más, recuerda las actitudes del mindfulness esbozadas en el capítulo 1: paciencia, mente de principiante, no evaluar, no forzar y aceptar. Vale la pena cultivarlas todas y eso contribuirá a la profundización de tu práctica, tanto formal como informal. Las prácticas e historias de este libro no son normas sobre cómo prestar atención; antes bien, son sugerencias para que emplees hábilmente tu experiencia. Escucha tu corazón a la hora de decidir cómo practicar y deja que tu práctica se desarrolle como tenga que desarrollarse.

La práctica informal con las experiencias cotidianas menos complejas te ayuda a adquirir la capacidad de estar presente en los momentos más difíciles, como cuando aflora el impulso de caer en la búsqueda de aprobación ajena. Si has tocado algún instrumento o practicado algún deporte, sabrás que hay que empezar por lo básico. Por ejemplo, si tocas el piano probablemente empezaste con las escalas y las canciones sencillas, lo que te preparó para tocar piezas más complicadas.

Practicar el mindfulness en los momentos estresantes de búsqueda de aprobación ajena puede ser más difícil que prestar atención a la sensación de alisar las sábanas cuando haces la cama. Dicho esto, tal vez descubras que incluso hacer la cama contiene un elemento de inquietud y búsqueda de aprobación. Quizá tomes conciencia de sensaciones físicas como tener los músculos agarrotados, pensamientos como: «¡Dios! Pensará que no lo hago bien» o «Me encantaría que hiciera él la cama de vez en cuando», o sentimientos de vergüenza, irritación o resentimiento.

Para practicar este ejemplo, empieza donde estés: ánclate en el momento y simplemente respira y observa qué pasa. Prueba a reconocer lo que sea que experimentes en el momento, y luego suelta suave y bondadosamente todo juicio y dirige tu atención a la sensación de las sábanas mientras las alisas sobre el colchón. A veces desviar así tu atención puede anclarte en el momento y hacerte ver con objetividad el problema de la búsqueda de aprobación ajena. Si, como suele pasar, tu atención vuelve a los pensamientos, sensaciones o emociones perturbadores, prueba a recuperar unas cuantas veces más las sensaciones que te produce hacer la cama.

Si el ciclo de búsqueda de aprobación ajena sigue asaltándote, explora otros aspectos de tu experiencia. Permaneciendo anclado en la respiración, explora, acepta y aporta compasión a la experiencia directa de las sensaciones del cuerpo, como se describe en el capítulo 5, sobre todo aquellas que probablemente estén conectadas con las emociones en cuestión. Esto puede tener especial importancia si llevas mucho tiempo separado de tu cuerpo y tus emociones. Percibir las sensaciones te ayudará a acceder a la sabiduría del cuerpo, la creatividad y la intuición, que pueden constituir una excelente orientación. También podrías probar a etiquetar las sensaciones y observar su naturaleza siempre cambiante.

Además, observar y etiquetar tus pensamientos, como se describe en el capítulo 6, puede ayudarte a encontrar cierta paz en ellos. Para mí, una de las prácticas informales más útiles es «Percatarte de tu focalización en la búsqueda de aprobación ajena», del capítulo 6 también. Asimismo podrías apaciguar tus emociones aliándote con ellas mediante la práctica del proceso RAIN, como se describe en el capítulo 8.

Puede ser intenso percibir y soltar la hostilidad contra ti mismo, bendiciéndote con bondad amorosa, tal como se describe en el capítulo 7, y autocompasión, como se describe en el capítulo 9. Estas técnicas te ayudarán a recordar tu verdadera naturaleza, incluyendo tu belleza interior y humanidad compartida. Practicar cualquier aspecto que convenga de STAND TALL, como se describe en el capítulo 11, también será útil. Cualquiera de estas prácticas puede ayudarte a acceder a tus intenciones de cómo quieres ser en el momento, tal como se describe en el capítulo 10. Tus intenciones son cruciales para ayudarte a reaccionar ante el momento en consonancia con tus valores. Independientemente de las prácticas que utilices en un momento dado, confía en la sencilla práctica de la conciencia plena y en tu intuición, y permanece conectado con tu intención de despertar a la vida. Con este planteamiento encontrarás el camino momento a momento.

A lo largo del libro te has ido familiarizando con muchas prácticas que pueden ayudarte a liberarte de los pensamientos, emociones y conductas habituales de búsqueda de aprobación. Para avanzar, céntrate en aquellas que más te hayan servido o elige la que te parezca más apropiada en el momento. Si necesitas más estructura, elige un pensamiento, emoción o conducta y trabaja en ello durante una o dos semanas, luego pasa a otro u otra. Si lo haces así, quizá quieras empezar con las emociones, los pensamientos o las conductas no muy acusadas para poder incrementar la confianza a fin de prolongar la práctica. Otra posibilidad sería empezar centrándote en una emoción, un pensamiento o una conducta que suela causarte un montón de problemas en tu vida cotidiana. Para cualquiera de estos enfoques quizá te sea útil consultar tus listas de pensamientos, sentimientos y conductas de búsqueda crónica de aprobación ajena, del capítulo 3; luego decide qué aspectos de la búsqueda habitual de aprobación ajena vas a trabajar.

PERFECCIONISMO Y PRÁCTICA

Las tendencias que influyen en tu vida también influyen en tu práctica del mindfulness. Si, al igual que la mayoría de las personas propensas a la búsqueda crónica de aprobación ajena, tiendes al perfeccionismo, es posible que en tu práctica del mindfulness te marques unos niveles inalcanzables. Quizá pienses que deberías ser capaz de practicar sin distraerte o quizá creas que tu práctica debería darte la capacidad de decir que *no* sin dudarlo cuando corresponda. No practicarás el mindfulness a la perfección. Eso es imposible. Recuerda que los beneficios del mindfulness a veces llegan de repente y otras veces se filtran gradualmente. Saber esto puede ayudarte a aceptar que tu práctica sea la que es en el momento y confiar en su desarrollo. Te animo a que dejes que tu práctica evolucione de forma natural sin intentar forzar las cosas.

Entender que el perfeccionismo tiene el objetivo adaptativo de conseguir amor y aceptación, y que no es tu culpa, te ayudará a cultivar la comprensión bondadosa de esta estrategia de supervivencia y la compasión de la misma. Observa tu experiencia interna cuando aflore el perfeccionismo y deja que tu comprensión bondadosa te permita extender la compasión a tu persona. Asimismo ten presente tu belleza interior y tu imperfección humana, y continúa fomentando esta conciencia mediante la meditación de bondad amorosa y la autocompasión.

OLVIDAR Y RECORDAR

En la práctica formal e informal la experiencia del despertar se produce en el preciso momento en que descubres que no has estado prestando atención al momento. Considéralo una oportunidad maravillosa, imbuida de la libertad de volver a empezar. Aunque te parezca que tu experiencia te ha pasado inadvertida, que te ha dejado indiferente o que has caído en la búsqueda habitual de aprobación durante horas, días, meses o años, siempre puedes volver a empezar. Este es uno de los grandes dones del mindfulness. Cuando detectas que no has estado presente, que has dejado de prestar atención a tu práctica, ahí estás, presente en el momento y listo para empezar de nuevo.

RESUMEN

Cuando practiques te ruego que recuerdes que el mindfulness es simplemente observar el momento presente con un corazón abierto y receptivo una y otra y otra vez, sin intentar forzar nada. A través del mindfulness, aparecen la no reactividad y la comprensión serenas, permitiéndote ser emocionalmente más fuerte y estar cada vez más liberado de la ansiedad vinculada a la necesidad de complacer. De esta forma adquieres la capacidad de elegir conductas equilibradas y compasivas que están en consonancia con lo que tiene una importancia crucial para ti.

Cuando te abres a tu belleza innata y la del mundo, dependes menos de que los demás te demuestren tu valía y eres más capaz de seguir el camino que para ti tiene sentido. Tu amor puede florecer y extenderse a tus seres queridos y a todos los seres, y puedes abrirte también a su amor. Mediante esta apertura puedes darte amor incondicionalmente, a ti mismo y a tus seres queridos, y mediante tu corazón y mente despiertos puedes sanar la herida infantil y liberarte del doloroso y a la larga infructuoso ciclo de búsqueda de aprobación ajena.

Te deseo de corazón libertad y amor para fomentar tu práctica del mindfulness.

Que estés en paz.

Que te aceptes tal cual eres.

Que conozcas tu belleza interior.

Que seas feliz y verdaderamente libre.

Recursos

No tienes por qué practicar el mindfulness por tu cuenta. Aprender y practicar con otros puede ayudarte a intensificar tu práctica. Aquí tienes unos cuantos recursos que te ayudarán a contactar con instructores y grupos de mindfulness.

Clases de reducción de estrés basadas en el mindfulness (MBSR por sus siglas en inglés)

Para encontrar un curso de ocho semanas de MBSR, contacta con estas organizaciones

- Mindful Living: www.livingmindfully.org. Clases de MBSR en Houston, Texas, y formación individual de mindfulness por Skype.
- Center for Mindfulness in Medicine, Health Care and Society, University of Massachusetts Medical Center: www.umassmed.edu/cfm. Ofrece numerosos recursos, entre ellos un buscador mundial del programa MBSR.
- Programas para vivir con conciencia plena: www.mindfullivingprograms.com. Clases en directo, online y en tiempo real.

Grupos de meditación y retiros

Aquí tienes un par de puntos de información sobre grupos de meditación y retiros:

- Mindful Living: www.livingmindfully.org. Retiros y grupos de meditación.
- *Inquiring Mind*: www.inquiringmind.com. Revista con una página web que ofrece una relación de grupos de meditación y retiros de mindfulness en Estados Unidos. (Obsérvese que esta página emplea los términos «*insight*» y «*vipassana*» para referirse al mindfulness.)

Encontrar un terapeuta especializado en mindfulness

Hay diversas modalidades terapéuticas que ponen el acento en el mindfulness. Las páginas web de las organizaciones profesionales enumeradas a continuación incluyen motores de búsqueda para localizar profesionales especializados en estos tipos de terapia:

- Terapia de aceptación y compromiso (ACT por sus siglas en inglés): www.contextualpsychology.org/act. Terapia individual utilizada para diversos problemas.
- Terapia cognitiva basada en el mindfulness (MBCT por sus siglas en inglés): www.mbct.com. Un tratamiento para prevenir la recaída en la depresión, normalmente ofrecido en un formato de clases grupales.
- Terapia dialéctico-conductual (DBT por sus siglas en inglés): www.behavioraltech.org. Una modalidad de terapia que combina sesiones individuales y grupales, y es tremendamente eficaz para personas cuyas emociones les abruman con facilidad.

Referencias bibliográficas

Boorstein, S., *Happiness Is an Inside Job: Practicing for a Joyful Life*, Ballantine Books, Nueva York, 2008.

Boorstein, S., *Solid Ground: Buddhist Wisdom for Difficult Times*, Parallax Press, Berkeley, California, 2011.

Brach, T., «Unconditional Love for the Life Within». (Conferencia sobre el Dharma, Comunidad de Insight Meditation de Washington, Washington, D. C., octubre de 2011.)

Braiker, H., *The Disease to Please: Curing the People-Pleasing Syndrome*, McGraw-Hill, Nueva York, 2001. Versión castellana: *La enfermedad de complacer a los demás*, Editorial Edaf, Madrid, 2012.

Carter, L., *When Pleasing You Is Killing Me: A Workbook*, B&H Publishing Group, Nashville, Tennessee, 2007.

Einstein, A., *Essays in Science*, Open Road Integrated Media, Nueva York, 2011.

Flowers, S., *The Mindful Path Through Shyness: How Mindfulness and Compassion Can Help Free You from Social Anxiety, Fear, and Avoidance*, New Harbinger Publications, Oakland, California, 2009.

Fralich, T., *Cultivating Lasting Happiness: A 7-Step Guide to Mindfulness*, Premier Publishing, Eau Claire, Wisconsin, 2007.

Greenspan, M., *Healing Through the Dark Emotions: The Wisdom of Grief, Fear, and Despair*, Shambhala Publications, Boston, Massachusetts, 2003.

Hendrix, H., *Keeping the Love You Find*, Pocket Books, Nueva York, 1992. Versión castellana: *Cómo desarrollar una relación consciente*, Ediciones Obelisco, Barcelona, 1998.

Hershey, T., «Unfair» (Sabbath Moment 197). http://archive.constantcontact.com/fs009/1100948702336/archive/1107807984781.html (visitada el 26 de septiembre de 2011).

Kabat-Zinn, J., *Full Catastrophe Living: Using the Wisdom of Your Body and Mind to Face Stress, Pain, and Illness*, Bantam Dell, Nueva York, 1990. Versión castellana: *Vivir con plenitud las crisis: cómo utilizar la sabiduría del cuerpo y la mente para afrontar el estrés, el dolor y la ansiedad*, Editorial Kairós, Barcelona, 2013.

Kabat-Zinn, M., y J. Kabat-Zinn, *Everyday Blessings: The Inner Work of Mindful Parenting*, Hyperion, Nueva York, 1997. Versión castellana: *Padres conscientes, hijos felices*, Editorial Faro, Madrid, 2012.

Killingsworth, M., y D. Gilbert, «A Wandering Mind Is an Unhappy Mind», *Science Magazine*, noviembre (2010), p. 932.

Kornfield, J., *The Wise Heart: A Guide to the Universal Teachings of Buddhist Psychology*, Bantam Books, Nueva York, 2008. Versión castellana: *La sabiduría del corazón: una guía a las enseñanzas universales de la psicología budista*, La Liebre de Marzo, Barcelona, 2010.

Kornfield, J., «Why and How We Become Enlightened». (Conferencia sobre el Dharma, Centro de Meditación Spirit Rock, Woodacre, California, octubre de 2009.)

Leu, L., *Nonviolent Communication Companion Workbook: A Practical Guide for Individual, Group, or Classroom Study*, PuddleDancer Press, Encinitas, California, 2003.

Moffitt, P., *Dancing with Life: Buddhist Insights for Finding Meaning and Joy in the Face of Suffering*, Rodale Books, Nueva York, 2008. Versión castellana: *Bailando con la vida: intuiciones budistas para hallar sentido y alegría frente al sufrimiento*, Editorial Kairós, Barcelona, 2009.

Neff, K., *Self-Compassion: Stop Beating Yourself Up and Leave Insecurity Behind*, HarperCollins, Nueva York, 2011. Versión castellana: *Sé amable contigo mismo: el arte de la compasión hacia uno mismo*, Ediciones Oniro, Barcelona, 2012.

Nhat Hanh, T., *Peace Is Every Step: The Path of Mindfulness in Everyday Life*, Bantam, Nueva York, 1991. Versión castellana: *La paz está en tu interior: prácticas diarias de mindfulness*, Ediciones Oniro, Barcelona, 2012.

Nhat Hanh, T., *Teachings on Love*, Parallax Press, Berkeley, California, 1998. Versión castellana: *Enseñanzas sobre el amor: una guía para alcanzar la plenitud en las relaciones humanas*, Ediciones Oniro, Barcelona, 2008.

Orsillo, S. M., y L. Roemer, *The Mindful Way Through Anxiety: Break Free from Chronic Worry and Reclaim Your Life*, Guilford Press, Nueva York, 2011. Versión castellana: *Vivir la ansiedad con conciencia: libérese de la preocupación y recupere su vida*, Editorial Desclée de Brower, Bilbao, 2014.

Psaris, J., y M. Lions, *Undefended Love*, New Harbinger Publications, Oakland, California, 2000.

Rapson, J., y C. English, *Anxious to Please: 7 Revolutionary Practices for the Chronically Nice*, Sourcebooks, Naperville, Illinois, 2006.

Roemer, L., y S. M. Orsillo, *Mindfulness- and Acceptance-Based Behavioral Therapies in Practice*, Guilford Press, Nueva York, 2009.

Rosenberg, M., *Nonviolent Communication: A Language of Life*, PuddleDancer Press, Encinitas, California, 2003. Versión castellana: *Comunicación no violenta: cómo usar el poder del lengua- je para evitar conflictos y alcanzar soluciones pacíficas*, Ediciones Urano, Barcelona, 2003.

Rushdie, S., *Joseph Anton: A Memoir*, Random House, Nueva York, 2012. Versión castellana: *Joseph Anton*, Random House, España, 2012.

Salzberg, S., *Lovingkindness: The Revolutionary Art of Happiness*, Shambhala Publications, Boston, Massachusetts, 1995. Versión castellana: *El secreto de la felicidad auténtica*, Ediciones Oniro, Barcelona, 2011.

Selye, H., *The Stress of Life*, McGraw-Hill, Nueva York, 1956.

Siegel, R., *The Mindfulness Solution: Everyday Practices for Everyday Problems*, Guilford Press, Nueva York, 2010. Versión castellana: *La solución mindfulness: prácticas cotidianas para problemas cotidianos*, Editorial Desclée de Brower, Bilbao, 2013.

Welwood, J., *Perfect Love, Imperfect Relationships: Healing the Wound of the Heart*, Trumpeter Books, Boston, Massachusetts, 2006.

Williams, M., J. Teasdale, Z. Segal y J. Kabat-Zinn, *The Mindful Way Through Depression: Freeing Yourself from Chronic Unhappiness*, Guilford Press, Nueva York, 2007.

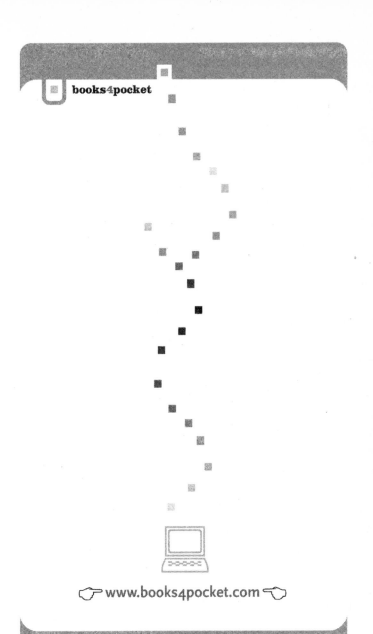